成就渴望的臨界點

心想事成方程式

許宏◎編著

【推薦序】

打造藍圖　前進遇見

許勝雄（命理大師）

子曰：「七十而從心所欲，不踰矩。」

此乃我已真正親身體悟的感受。這不只是生理現象，也是心理狀態。生命走過七十年，見得也多了，好奇心也就少了，衝動也不容易了。當然，例外的人也很多。

從事命理四十餘年，對於生命中的大小事，也著實應該堪稱不惑之年，對於命運當然也有著不同於四十年前的見地。

命是福田，運是種子，境遇是天、地、人三者的共同決定。

天地左右了 80%，人只決定了 20%，符合了所謂的 80 ／ 20 法則。既然你明白了這個法則，那麼你也應該理解 20% 足矣。

改變命運是笑話，扭轉境遇可期待，用你 80% 的精力投注在你生命中 20% 的事，那麼你的人生已經可以很精彩。用 99% 的元氣貫穿於你 1% 的目標，那麼天地也會感動而助你。這樣的人生已堪稱完美了。

人生要有夢想，才有趣味。人生要有挫折，才有回味。在夢想中越挫越勇，最終美夢成真，那麼人生的價值已然到位。

生命中的每一步都是選擇，沒得選擇還是得選擇，那就是正面

的心念。所以心想事成也是一種選擇，選擇之前必須要正確的決策，決策之後就必須全力以赴。

本書不但導正了觀念，破解了迷失，更貼切的給與了順應自然的方法，堪稱築夢踏實的曠世鉅作。

命是因果的必然，運是選擇後的行動。心想事成改變的不是命運，而是境遇。從心思考你想要的環境，確實行動去打造你的藍圖，那麼你必然遇見美好的未來。

打造藍圖，前進遇見，就是心想事成。

【推薦序】

正念之心　堅持之行

吳素貞（人生導師）

　　從小成長於純樸而落後的山城金瓜石，重男輕女是那個時代的基本趨勢，當然我也不會輕易的成為例外。即使再有才華，沒有升學的機會，只能龍困淺灘。恰巧我出生的那年，就是龍年。

　　18歲進入了婚姻，19歲生了孩子。含辛茹苦已經不足以形容當年的困頓。然而我給孩子的教育卻也從來沒有馬虎過。就因為失學之痛，萬般皆下品，唯有讀書高，確實是我當時的思維，於是將三個孩子都培養成了碩士，完成我的未竟之志，這是我第一個心想事成。

　　在擔任童工的階段，就嚴重傷了膝踝。**30歲時，醫生說我只剩兩年可以走路，於是尋求各種方式治療，遇到的不是庸醫就是騙子。**最後卻是神明的引路以及自己的意志力，我已經多走了三十多年，全然毀滅了當時醫生所言。

　　當然，這不是人定勝天，而是感恩那第二個心想事成。

　　多少年來，心想事成的驗證已然不勝枚舉，聆聽眾親友以及有緣人的心聲，給與生命恰到好處的建議。不曾貪取，不曾奢得，只在自己本分做事，平淡度日，已是幸福。

　　正念之心，堅持之行。就是我心想事成的祕密，這樣的心念與行為不只在我的血液裡流淌，並且已經孕育於後代，隨著本書源遠流長。

　　因為作者就是我的孩子。

【推薦序】

沒有「早知道」，只有「我想要」

林儷（易理專家）

願望？夢想？還是目標？

記得小時候寫過一篇作文，題目就是「我的願望」。每個人都有各自的想法，孩童時期，總有許多天馬行空的夢想，隨著年齡的增長，夢，醒了，那些不切實際的目標都變得務實了。是因為當時我們的年紀小，不懂得現實生活的狀況，還是我們根本沒有認真地「想」，只是「夢」而已呢？

本書的〈心想事成方程式〉中說：「當想只想，那是遙不可及的方向。」我也認為，「**凝望，無法橫渡海洋，積極的人生，不能憑空想像，夢，不在遠方，在你行動的去向。**」

在求學階段，我是一個看不下書的女孩，課業成績只能用一個字形容，「慘」，而生活中也因為有父母的全然照顧，完全沒有任何一丁點的上進心，當然就更別說有什麼理想目標想要完成了。生活無虞、沒有方向的我，就在一個生命的轉折點扭轉了這一切。

本書〈學習力〉中提到：「當你覺得能力匱乏，知識貧瘠的時刻，通常都已經是來不及的階段。未雨綢繆不只是指存糧與財富，更是日常不止的學習。」真的！早早進入社會，卻因為沒有一技之長，不知道該何去何從，除了基本對話，我的言語乏善可陳。面對孩子的課業，僅僅是小學的題目，我看不懂。孩子想要學游泳，我不會。許許多多的狀況不勝枚舉、罄竹難書，能力的匱乏讓我腦中始終迴盪著一句話：「早知道」，早知道該好好讀書、早知

道該好好學游泳、早知道、早知道……，但早知道已經來不及了，我不能繼續停留在這個「早知道」的泥沼裡。

我告訴自己，世上沒有一件事不能透過學習去了解，只在於是否有心學習，所以，別說「我不會」、「我不知道」，當「我不會」、「我不知道」說得多了，只能表示自己的懦弱及無能。

本書〈心想事成方程式〉中說：「**成就如何一瞬間，就在觀念與習慣改變的那瞬間。**」沒錯！我就是開始改變我的觀念及習慣，我開始努力學習，學習的熱忱很重要，如果沒有行動力，一切就只是口號而已。回想多年前在大陸各省開課時，學員們只是為了聽一場課，可以搭 3 天 3 夜的火車，從全國各地而來，問他們累不累，他們只說：「為了學習，值得！」如此的學習熱忱，我怎能不感動、怎能不認真呢？壯大自己的能力，才有競爭力。別人沒有空氣也在拚命呼吸，咱們都是氧氣，卻依舊能夠嘆息。機會在哪裡？

我的人生有了方向，孩子的課業從小到大我都能教，他們不論是想學游泳或是直排輪，我統統都會，也許是人家說的「為母則強」，但這所有渴望的一切我透過學習，讓自己不再「早知道」，只有「我想要」。

在 2016 年，我是暢銷書《美麗傳奇》的受訪者，2018 年我與 21 位作者共同撰寫出版《翻轉命運的力量》，2019 年有幸受許宏總編輯的邀請，為本書《成就渴望的臨界點》寫序，我不斷的透過學習提升自己、完成夢想，本書〈美夢成真〉說：「當你真的很渴望，那麼你一定可以找到各種可能的路徑，朝你想要的目標前進。將一切描述清楚，研擬好步驟與策略，如同作戰計畫的沙

盤推演一般，那麼你距離夢想已經不遙遠了。」千里之行始於足下，每個人的目標都不同，皆需一步一步往前邁進，而我就正一步一步地在完成我的每一個夢想中。

非常榮幸能受邀為本書寫序，這是我第一次為書籍寫推薦序，當然！我相信未來這樣的機會會非常多，為了表示我的尊重，在寫序之前，我將本書內容仔細地閱讀，以求能夠為各位讀者好好地推薦，在閱讀的過程中，許多篇幅讓我盡是感動、盡是震撼。感動的是，作者們為了目標努力不懈、不到斷氣絕不放棄的精神；而震撼的是，原來那些心想事成的方程式，在這十多年來，跟在許宏師父的身邊，早已潛移默化的影響了我。我改變了，我的夢想開始振翅飛翔，相信您只要看完這本書，憑藉著這些方程式，您也可以心想事成、美夢成真。

鄭重推薦本書，沒有「早知道」，只有「我想要」！值得您細細的品味！

【推薦序】

心想事成方程式　改變人生大小事

葉兩傳（企業軍師）

　　讀高中時喜歡偷懶不知長進，有一回被父親抓到我貪睡，父親罵我：「你是吃軟飯的嗎？」把我霎時驚醒，隔天就被派至父親工程工地，執行小工工作，每日挑磚打石，不敢二語！頓時積極讀書做學問，努力學習觀察社會及如何面對人生的道路。

　　在屏東農業學校讀書時，也曾息交遠遊，深入食品科學的研究，竟也神奇的奠定未來在食品產業上的神奇創新能力而顛覆傳統，打出了「開喜烏龍茶」的江山，又引領臺灣飲料產業雄霸兩岸飲料市場，將美國可口可樂及百事可樂擊退在華人市場的優勢競爭。在人生第一波的巔峰時期，我並沒有因驕傲而再度偷懶，一直是記得父親的教訓，「不敢再有吃軟飯之譏」。

　　因此我厭惡自己，在塵土和爐灰中懊悔。

　　在我人生最低谷的時候，突然發現了基督教的《聖經》。耐下心從第一頁《創世記》讀到《啟示錄》，足足花了我一年的時間。說真的，是在有懂和不懂當中，後來經過合一教會朱奔野牧師的引領和對經文的教導，終能一窺殿堂奧祕。

　　要放下過去的自以為是是很難的，也認為過往的成就是自己的努力所得，但《聖經》上卻說：「你的一切都是天上父神的計畫安排，好是神的恩賜，不好是神對你的磨練。」這個說法聽起來是包山包海，後來牧師引《聖經》說明山跟海都是上帝所創的。從懷疑到仍有疑慮，再進到相信以致於能全然交託，這個生命歷

程是艱難的，但也是命定的。若自己很行，為什麼會從高處跌到谷底成階下囚？若自己很行，為什麼無法再爬起來？終日鬱鬱寡歡，到處怪罪別人而無所建樹？思索多日，只有一搏。假如《聖經》上耶穌說的是真的，那就是我生命中的唯一出路！

定睛向主，因信得義。

這麼深邃的真理，與其要一知半解挑戰半天，不如我直接接受再詳加考證。我選擇了後者，跟隨著朱牧師追尋神的真理，走神的道。

我從前風聞有祢，現在親眼看見祢。

忘記過去，面對前面的標竿直跑。

接受了好壞都是神的意旨，才能有超脫的心面對未來人生。

這個時候我向神求的智慧是真智慧，因為等同我是用神的智慧在做事。

在做什麼事呢？

工作、生活上無處不在傳揚福音的禧年。

許宏是個很有強度的人，很對我的路數，他喜歡喝雙份濃縮咖啡 Double Expresso。一份濃縮咖啡可以振奮人心，那雙份的就如葉克膜，可以馬上把心臟強制的收縮。

也就是說許宏做人做事，一劍穿心，一路到底。

我和他認識很早，事實上是我二十年前因為有關於頭皮養護的物理化學問題，到淡江大學化學系拜訪化學巨擘陳幹男教授。

教授聽了我的訴求，回說：「我是公務人員，不太能參與商業行為。但我介紹你一位我們化學所高分子實驗室畢業的奇才給你認識，他無所不能。」

這是我和許宏認識的奇緣！

真的，和他互動溝通生命的價值，進而討論法國頂尖的自然植物保養護理，他竟然跟得上國際潮流而超越國內的所謂老師們。

我們曾一起研發產品、共同研擬策略，創新了好多行銷手法。

許宏協助很多企業從無到有，從小到大，然而那都是為別人打天下。

十年前自行創業，築夢踏實的實現自己的夢想。創立生物科技公司，建構「莊陽精油工廠」，訂下不可思議的宏願：「**未來全世界想到精油，想到香水，不會再想法國巴黎，而是臺灣。**」並且踏實的前進，這才是愛臺灣。

三年前，許宏創立了「言武門」，從企業家轉為教育家。在那「一家之言」的穩健中，不曾間斷的日日傳播善知識，已然讓我們看到了感化人心、激勵靈魂的思想家與實踐家。

阿里巴巴的馬雲說了，過去是 5 分鐘要做出 2 千件一樣的衣服。現在是 5 分鐘要做出 2 千件不一樣的衣服。

我們從此可以看到世界的分水嶺，我們也必須看見必然的改變。

許宏和我都變了。

強力推薦這一本鉅作，改變你的思維，改變你的行為，然後穿越你生命每個渴望的臨界點。

心想事成方程式，改變人生大小事。

可以第一，何必第二。
可以金牌，何必銀牌。

朱木炎（奪標教練）

在軀體的巔峰狀態，一定要奮力奪下自己的精彩。在生命可以燦爛的時刻，千萬別讓自己白來。

每個人都有自己的夢想，但夢想若無確實的行動，那麼就是夢幻泡影。天助自助者，在你已善用了你所有的資源，使上你的全力，老天的臨門一腳才會出現。

精彩，不需要眼花撩亂的千招萬式，甚至經常關鍵只在那千錘百鍊的一招半式。如同李小龍所言，不怕那一萬種踢法的拳腳，只怕那一種踢法，踢了一萬次。

任何事都有上下坡，任何舞臺都有上下臺。臺上十分鐘，臺下十年功。揮刀一瞬間，磨刀磨十年。

在你想放棄時，就是最接近成功的時刻。只要你堅持，那麼成就就是你的。因為努力大家都知道，堅持卻沒有幾個人能做到，而這份堅持就是穿越臨界點的關鍵。

沒當過選手，無法當教練。我曾是不可一世的選手，當然也曾驕傲過，但在欣喜的狂歡之際，我選擇了淡然內斂。因為我清楚，超越極限之後，必須擁有更優雅的下臺動作。

江山代有才人出。沒有永遠不被超越的紀錄，沒有狀元老師，只有狀元學生。**凡走過必留下痕跡，凡踢過必留下血跡，凡戰過必留下經驗的蛛絲馬跡。**

此刻，身為跆拳道選手的教練，我其實比自己當選手時都更加努力。因為我不是用那過去的光環來框架選手，而是用那細膩的經驗感受來完成傳承。我無法有教無類，因為選手都是特殊長才的異類。但，就是因為都是異類，所以我必然因材施教。

這本書的內容非常實用，故事都非常勵志，有幸能為本書寫下推薦序，深感榮耀。

孔子身上佩的不是教鞭，而是劍；關公手上擺的不是武器，而是《春秋》。

文武兼併，是古今中外皆然的必須。尤其是戰場上的勇士，必須懂得智慧結合身心的一體。因為勝敗不只是技巧，更是那心想事成的力道。

這本書，是選手奪標的靈魂補給，更是所有奮鬥者必須隨行拜讀的生命兵法書。我，朱木炎，真心推薦。

朱門喜慶一念間

木然狂練扎心田

炎功璇踢滅險阻

百花盛開耀滿園

渴望的孵化

許宏（特約總編輯）

　　心想事成不是痴人說夢，不是自我催眠，不是逃避現實，而是面對那未知的未來的另一種「知己知彼，百戰不殆」。

　　未贏，要先想如何不輸。不輸，已是最基調的贏。各種結果的面對，必須全然心裡有譜。不論結局的好壞，都有因應的對策，這才是真的贏。因為**世界上沒有所謂的穩操勝算，而是什麼狀況都得算一算**。

　　越是有把握的，越容易大意，越容易兵敗如山倒，越容易滑鐵盧。就像那能夠背叛你的，必然都是你最親信的人，就是料想不到，才會疏於防備，才會有絕望透頂的狀態。但，人生不就是一定得經歷過這類的傷害才能成長，才能慢慢的懂得中庸的可貴。

　　感恩本書所有的作者，提供了他們人生最寶貴的經驗，在血淚中依舊願意奉獻正面的思維，讓有緣的讀者參考。

　　感恩我的爸爸、媽媽，不單撫養我長大，讓我不至於成為社會的敗類與負擔，並且在生命中持續引領正確的方向。我從不驕傲，卻因為擁有這樣的父母而自豪。

　　感恩林儷老師為本書撰序，讓本書更增添了扎實的智慧。

　　感恩葉兩傳老師，在您獄火重生之後，仍舊激勵著生命的渴望，給予著穿越「老子曰」的透澈，迴盪著開喜烏龍茶的回甘。

　　感恩臺灣戰神朱木炎教練的臨門一腳，讓本書永遠閃耀著奪目燦爛的奧運金牌光輝。

感恩天地的加持，感恩讀者的熱情相伴，讓本書有如經典能夠遠遠流傳。

感恩寰宇同頻共振，在那每一個起心動念的當下，讓那渴望已然孵化，成就於每一個需要方向。

目次

【推薦序】打造藍圖 前進遇見／許勝雄 ……………………… 3

【推薦序】 正念之心 堅持之行／吳素貞 ……………………… 5

【推薦序】沒有「早知道」，只有「我想要」／林儷 ………… 6

【推薦序】心想事成方程式 改變人生大小事／葉兩傳 ………… 9

【推薦序】可以第一，何必第二。可以金牌，何必銀牌。／朱木炎 12

【自序】渴望的孵化／許宏 ……………………………………… 14

I. 心想事成方程式——扭轉觀念與習慣

這世界沒有祕密 …………………………………………… 24

吸引力法則的謬誤 ………………………………………… 25

下訂單的迷失 ……………………………………………… 26

你拿什麼來換 ……………………………………………… 27

共振原理 …………………………………………………… 28

心想事成的正確基本心態 ………………………………… 29

好事壞事不一樣 …………………………………………… 30

成就的速度 ………………………………………………… 31

心想事成方程式 …………………………………………… 33

A、B、C 的本質 …………………………………………… 35

Advance …………………………………………………… 36

Believe ……………………………………………………… 37

Creation …………………………………………………… 38

空間與時間 ………………………………………………… 39

宗教與信仰 ………………………………………………… 40

相對與絕對 ………………………………………………… 41

勇敢 ………………………………………………………… 43

大自然法則 ………………………………………………… 44

正循環 ……………………………………………………… 47

成就一瞬間 ………………………………………………… 48

千萬別說我不會感冒 ……………………………………… 50

千萬別「禪」著不放 ⋯⋯⋯⋯⋯⋯⋯⋯⋯⋯⋯ 52

不然你就別說 ⋯⋯⋯⋯⋯⋯⋯⋯⋯⋯⋯⋯⋯ 55

分析自己的 SWOT ⋯⋯⋯⋯⋯⋯⋯⋯⋯⋯⋯ 57

勿以錢少而不為，勿以錢多而為之 ⋯⋯⋯⋯⋯ 59

再給我一點時間 ⋯⋯⋯⋯⋯⋯⋯⋯⋯⋯⋯⋯ 61

別再問了 ⋯⋯⋯⋯⋯⋯⋯⋯⋯⋯⋯⋯⋯⋯⋯ 63

沒什麼差別（A）⋯⋯⋯⋯⋯⋯⋯⋯⋯⋯⋯⋯ 65

沒什麼差別（B）⋯⋯⋯⋯⋯⋯⋯⋯⋯⋯⋯⋯ 67

沒時間心情不好 ⋯⋯⋯⋯⋯⋯⋯⋯⋯⋯⋯⋯ 69

享受淒涼 ⋯⋯⋯⋯⋯⋯⋯⋯⋯⋯⋯⋯⋯⋯⋯ 71

始終如一 ⋯⋯⋯⋯⋯⋯⋯⋯⋯⋯⋯⋯⋯⋯⋯ 73

最快的是什麼 ⋯⋯⋯⋯⋯⋯⋯⋯⋯⋯⋯⋯⋯ 75

等待 ⋯⋯⋯⋯⋯⋯⋯⋯⋯⋯⋯⋯⋯⋯⋯⋯⋯ 77

「誤」以稀為貴 ⋯⋯⋯⋯⋯⋯⋯⋯⋯⋯⋯⋯ 79

儒花問三太子 ⋯⋯⋯⋯⋯⋯⋯⋯⋯⋯⋯⋯⋯ 82

不要囂張，不要得瑟，不要忘形 ⋯⋯⋯⋯⋯⋯ 84

生死邊緣 ⋯⋯⋯⋯⋯⋯⋯⋯⋯⋯⋯⋯⋯⋯⋯ 86

主力與助力 ⋯⋯⋯⋯⋯⋯⋯⋯⋯⋯⋯⋯⋯⋯ 87

「話道」與「文字道」⋯⋯⋯⋯⋯⋯⋯⋯⋯⋯ 88

贏在表達 綻放人生 ⋯⋯⋯⋯⋯⋯⋯⋯⋯⋯⋯ 90

五行平衡 心想事成 ⋯⋯⋯⋯⋯⋯⋯⋯⋯⋯⋯ 92

天時地利人和 ⋯⋯⋯⋯⋯⋯⋯⋯⋯⋯⋯⋯⋯ 94

四經 ⋯⋯⋯⋯⋯⋯⋯⋯⋯⋯⋯⋯⋯⋯⋯⋯⋯ 95

美夢成真 ⋯⋯⋯⋯⋯⋯⋯⋯⋯⋯⋯⋯⋯⋯⋯ 97

最快速、最簡單的決策學 ⋯⋯⋯⋯⋯⋯⋯⋯⋯ 99

言武門雙數 ⋯⋯⋯⋯⋯⋯⋯⋯⋯⋯⋯⋯⋯ 100

言武門生命靈數 ⋯⋯⋯⋯⋯⋯⋯⋯⋯⋯⋯ 102

言武門紫微斗數 ⋯⋯⋯⋯⋯⋯⋯⋯⋯⋯⋯ 103

言武門姓名學 ⋯⋯⋯⋯⋯⋯⋯⋯⋯⋯⋯⋯ 105

言武門一掌覺 ⋯⋯⋯⋯⋯⋯⋯⋯⋯⋯⋯⋯ 107

調香 ……………………………………………………………………… 108

孫子兵法 ………………………………………………………………… 110

逆向操作，異軍突起 …………………………………………………… 111

善用一切資源 …………………………………………………………… 113

識人之術 ………………………………………………………………… 114

渴望 ……………………………………………………………………… 116

痛風與中風 ……………………………………………………………… 117

感動 ……………………………………………………………………… 119

該與不該 ………………………………………………………………… 120

福禍 ……………………………………………………………………… 121

學習力 …………………………………………………………………… 122

隨時激勵 ………………………………………………………………… 123

幫助的力量 ……………………………………………………………… 125

許願 ……………………………………………………………………… 127

標準程序 ………………………………………………………………… 129

臨界點 …………………………………………………………………… 130

沒有一句廢話 …………………………………………………………… 131

心想事成的真相 ………………………………………………………… 133

II. 穿越臨界點——不到斷氣，絕不放棄

@王國至

‧開啟幸福的鑰匙／ 136　　　‧機械的靈魂／ 138

‧液態氮／ 140　　　　　　　‧寶石、精油、生命靈數／ 142

‧實驗／ 144

@林美蘭

‧尋根／ 146　　　　　　　　‧脫離貧窮／ 148

‧被錢砸到的療癒／ 150　　　‧超級口譯／ 152

‧下一個甲子／ 154

@柯彥廷

· 關鍵的指揮／156　　　· 我不愛現，但我很優秀／158

· 麻糬哲學／160　　　　· 繪製幸福的藍圖／162

· 行動式表達／164

@高原光

· 穿梭山林的鋼鐵人／166　　· 我的志願是總統／168

· 巨人／170　　　　　　　· 地震／172

· 陪伴／174

@張麗蝶

· 數字管理／176　　　· 太陽／178

· 我是你的眼／180　　· 鈦汞傳奇／183

· 我的天空／185

@彭瀞

· 畫家／187　　　· 如果不勇敢 誰替你堅強／189

· 白色／192　　　· 羽毛／194

· 瀞／196

@黃子熏

· 幫助／198　　　· 重生／200

· 代言／202　　　· 恩／205

· 機會／207

@葉珈寧

· 一個茶壺四個杯子／209　　· 生命之樹／211

· 珈寧塔羅／213　　　　　　· 夢想家／215

· 學習與智慧／217

@魏東慶

· 萬物之原理／219　　· 物理還原術／221

· 功夫與工具／223　　· 戰神與我／226

· 鴿子／228

I. 心想事成方程式
——扭轉觀念與習慣

人的腦容量很小，只要想得到，就一定能辦到。

成就渴望的臨界點
成就如何一瞬間，
就在觀念與習慣改變的那瞬間。
渴望是夢想，
夢想與現實的差距究竟是多少數字可以衡量？

當想只想，
那是遙不可及的方向。
當方向與行動已到位，
心念已然進入了衛星導航。

美麗醜陋天共賞，
荒蕪豐盛地皆釀，
現象只能當下有，
穿透無常樂未央。

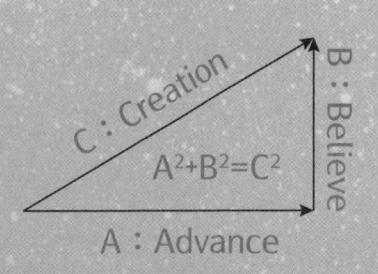

◎ 這世界沒有祕密

若要人不知，除非己莫為。

連想的，都能被知道，何況已經做的。所以我直接開宗明義告訴大家：「這世界根本沒有祕密」，最大的祕密就是沒有祕密。

「祕密」這兩個字害慘了很多人，以為可以偷天換日，以為可以瞞天過海，以為可以神不知鬼不覺，其實只是自己騙自己而已。

在時光隧道裡，凡走過必留痕跡。在細胞記憶裡，每個細胞都有著完整的記憶體，即使你腦袋壞了，即使你喪失大腦記憶，即使你喝了孟婆湯，一切都已無法抹去。

世間人總喜歡探索神祕，也喜歡故弄玄虛，喜歡裝神弄鬼，時真時假。但有就有，沒有就沒有，何必在那裝模作樣。把那生命中最寶貴的信任都給弄糊了。

大自然沒有祕密，只有緣分、能力、智慧尚未到達的領域。看不見，聽不到，不是沒有，只是你沒這個能力，所以別說祕密。

當有人告訴你：「我跟你說一個祕密，你千萬不能說出去喔！」結果你忘了說，他也已經到處說了。

這世界只有知與不知，懂與不懂，會與不會，為與不為。

對於你想做的事，也只有要與不要，沒有能與不能。

心想事成是人類的本能，不是祕密。

◎ 吸引力法則的謬誤

吸引力法則在這些年來似乎已經家喻戶曉，耳熟能詳，但這個理論並不符合大自然的規則。吸引力基本上分成兩類。

一是陰陽互補的吸引，包含正負電、雌雄、男女、南北極。

一是萬有引力，包含所謂的地心引力，這是牛頓所提出的萬物之間都具備的引力。

人的目標，如果是陰陽的互吸，那麼達到的狀態應該是中和平衡的效應，怎麼會得到你想要的結果？

人的思維，如果是如同萬有引力，那麼就有質量大小的差異，以及距離的限制。

於是心想事成，若把它比喻成吸引力，那麼就完全違反了物理學的見地。

心想事成的「心想」是一種思考，是一種能量的的震動，而思考的方向決定了振動的頻率。而一種頻率在宇宙間，即使稀少，卻也不是完全不能複製。

這種思維的振動，沒有時空的限制，沒有距離的遠近，如同旋律一般，只要同頻率，同波長，皆能共振共鳴。

因此，**心想事成的力量，主體應該就是心念與寰宇萬物的同頻共振，而非吸引力。**

◎ 下訂單的迷失

世界是什麼？太陽系？銀河系？世界到底多大？

有句話這麼說，你的心有多大，世界就有多大。因為空間是無限延伸的，可以很小，可以很大。所以宇宙是什麼？只不過是所謂的世界的另一種形容詞。

你說要向宇宙下訂單。

那請問誰接單？

就像你拜拜，也得知道拜的是誰吧？

當大家都盲從著各種行為，連簡單的邏輯思維都沒有，那麼這就是真正的迷信。

很多人說著事實，卻只是因為缺乏表述的能力，大家聽不懂，就以為是假的。更多人捏造著事實，胡謅瞎扯，譁眾取寵，跟隨的人多了，形成了一股勢力，渲染成一股影響力，於是很多人就以為是真的。

真的遇不見，那是福報不足。假的分不清，那是智慧不夠。

你沒辦法將沉浸於美夢裡的人叫醒，因為你阻擋了他的享受。你卻必須在自己的噩夢中逃出，因為這一切都會啃食你的意志。

下訂單，你又拿什麼支付？

天下沒有白吃白喝的午餐，不勞而獲的美事都是騙局。

你只能向未來的你下訂單，然後用你現在的決心來償還。

◎ 你拿什麼來換

人在富有的時候，權力爆炸的時刻，很難相信看不見的力量，總覺得自己最大，自己就是神，人定勝天。

相反的，人在寄望於外力的協助時，擁有的能量與資源必然是空洞的。**如果許願、祈求，心想事成是一種「交換」，那麼你拿什麼來換？**

窮困想翻身，怎麼還有東西可以換呢？當然有，但別把靈魂賣了，也別把身體給賣了，那難道是拿心來換嗎？這太抽象。

應該說，拿你的「信用」來換。在人類現行社會裡，有所謂的抵押，有所謂的貸款，當你沒有不動產可以抵押貸款時，沒有值錢的物質可以典當時，那麼你只剩一個，就叫「信用貸款」，但這個利息就高了，時間到了沒還，也就慘了。

上述所言還是一般正常的銀行，那如果說地下錢莊呢？利息就不是一般的數學可以理解，也不是當初協議時所聲明的狀態可分析。因此那跟賣命沒什兩樣。

然而，有人許願向神明請願，然後忘了還願，你可以明白後果的可怕，因為你「信用破產」，接下來的的一切會帶給你自己更多阻力。

有人向「鬼」談交易，即使你擁有了你所需要的財富與享受，你可知道你接下來會被「取走」什麼？這就如同陰間的地下錢莊一般。何來白吃的午餐，當然也別把交易的對象當白痴了。

◎ 共振原理

共振現象是唯一能夠穿越時空的現象，沒有空間距離與時間遠近的阻隔。同頻共振，就是宇宙共鳴的真相，而這一切的關鍵就是頻率。

頻率必有先後，從混亂到同心協力，就是頻率的力量。而這頻率是什麼東西的頻率？答案是心念。

星與星的距離很遠，心與心卻可以沒有距離。沒有一項交通工具可以讓我們數小時到達火星，我們卻可以一瞬間與火星上的任何一個人心靈共振。而這個力量，我們該如何陳述？就是念力。

曾經有一首歌叫《夢回唐朝》，然而我們夢裡的唐朝可能是假的，那是片段記憶裡的影像拼湊。而我們卻可以一念間彷如置身唐太宗李世民貞觀之治的盛世當中，甚至可以明白當初他所做的一切，心裡又是怎麼想的。

這就是「心念」，念頭的力量，這種力量不需費力，只需兩件工夫，一個是「相信」，一個是「專注」。相信你可以，專注你的標的。

速度快到一個極限，過去，現在，未來，就在同一個點上，簡單說就是「同步」。

人的腦容量很小，再怎麼豐富的想像力依舊有限。於是我們可以這麼說：「**只要你想得到，就必然能辦到，只看你是否真心想要。**」

貪婪的人，智慧已被蒙蔽，很難有上述的狀態。要到達同步，任何人都可以，唯一的途徑就是「修行」。

◎ 心想事成的正確基本心態

心想事成的基本心態，必須懂得破除貪婪，摒棄非分之想。在這樣的基礎上，才能夠有正面能量在各種時空協助。

福田都是過去播的種，耕耘灌溉之後，時間到了才能採收。不會有平白無故的禮物，無端的從天而降。

心想事成，永遠不會脫離因果的大自然法則，也完全符合愛因斯坦的「質能不滅定律」。

普朗克所言：「這世界根本不存在物質。」意思就是所有的物質都是「能量」所轉換，也意味著無常，更意味著「所有的一切都是無中生有」。

所以你所獲得的都是應得。

你所失去的，本來就不是你的。

你所運用的一切都是在寰宇之間「借」來的，既然是借，一定要還，只是用甚麼樣的形式還罷了。

你所為，若符合天意，那麼必然省力，而且有助力。

若不符合大自然的規矩，也必然徒勞無功，瞎忙一場。

就像你盜取香火錢，然後再求神明原諒；你殺了人，再燒金紙給祂，那你真是「神經病」。

心想事成，別用來「買彩券」、「賭博」、「違法造孽」，而是務實的目標設定後的全力以赴。

心想事成，也對應著牛頓第三運動定律：「有一作用力，必有一反作用力」。

沒有作用力，何來反作用力？

◎ 好事壞事不一樣

你可能做對了一百件事，卻只因為錯了一件，然後就毀了。

你也可能做錯了一百個選擇，卻只因為對了一次，然後就發了。

因為「一百已是過去，一是現在，並且決定了未來」。

前者，一世英明毀一旦。

後者，浪子回頭金不換。

前者，是退步；後者，是進步。

放縱自己的前功盡棄，令人生厭。

痛改前非的翻轉生命，天地動容。

在心想事成的路上。

好事會有阻礙，這是眾生見不得別人好的心態，正常。

壞事會有加速度的沉淪，也是那種死了也要找個墊背的思維，同樣也正常。

好事，壞事，皆是事。

心想而行皆會成。

一個是向上，會有空氣的阻力。

一個是向下，會有重力加速度的助勢。

好事陽中帶陰，壞事陰中帶陽，你說如何能一樣？

◎ 成就的速度

成就目標的距離可長可遠，速度可快可慢。然而成就的速度卻是可以不必拖泥帶水，就在一瞬間即可完成。

成就一瞬間，就在觀念與習慣改變的那瞬間。

觀念決定了方向，習慣決定了目標。

但這也如同放下屠刀立地成佛的概念，並不是立即性的完成，而是成就的真正開始。

一步錯，步步錯。所以觀念的修正很重要，否則速度越快，就會離目標越遠。

牛牽到北京還是牛，就是告訴我們習性難改，即使生生世世為何如此無法超脫，就是習性。習性就是習慣養成的個性，決定了生命的前行。有些習性只要決心，很快就戒除了。但大多數的習性卻是根深蒂固，難以扭轉。

你以為面相是怎麼來的？就是緣起習性。習慣憂鬱的就會愁眉苦臉，習慣生氣，也就面露凶相。習慣尖酸刻薄，下流好色，狡詐低俗，所有的習性都會在臉上呈現。

20 歲前的相貌是父母生的，與遺傳關係比較大。20 歲到 40 歲間的相貌與學習及歷練有關。40 歲過後基本上已經定型，最後發現此刻的相貌與上輩子 40 歲過後已經差異不大了。這是為什麼？只因習性難改。

「相由心生」，應該大家都聽過，這四個字真實不虛。美醜皆

有各種狀態，**有的人美得很醜，美得毫無人際關係；也有人醜得很踏實，很討人喜歡。**

相貌與願望沒什麼關係，因為沒有誰喜歡不好看，大家都愛白富美、高富帥，但這不是許願可以改造的，整形也是假的，一不小心就回來了，甚至更慘。

整出來的是暫時的畫面，當然也是各人的選擇，但確定的是「這絕對不是成就」。

◎ 心想事成方程式

$A^2 + B^2 = C^2$

A：Advance

B：Believe

C：Creation

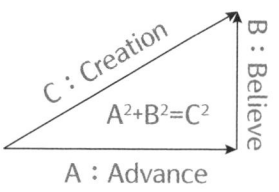

心想事成，不是天馬行空的幻想，

如何心想事成，美夢成真，不是只有哲學的期盼，更有科學的方向可論斷。

結合念力設定與執行力標準程序，

不給抽象模糊胡謅的神奇，

而是具體可理解的踏實軌跡。

$A^2 + B^2 = C^2$

如同畢達哥拉斯的三角畢氏定理。

那個 2 不是兩倍，而是一種等同自己的雙份加成。數字越大所造成的效果越大，也可以寫成：

AA ＋ BB ＝ CC

當 A 是 3，B 是 4，C 就是 5。這是最小的整數組合，卻也是 123456789 裡唯一的組合。

當然你可以找到其他更多的組合，甚至很大的數字。例如，A 是 12709，B 是 13500，C 是 18541。

然而「心想事成」這件事，我們並不是要探討實際上與數學上的精準計算，而是其精神蘊含究竟是什麼。

A（Advance）是發展，是一種對目標提前準備的行動。

B（Believe）是相信，是一種相信自己相信寰宇都會支持你的力量。

C（Creation）是創造，就是你夢想中所希望能夠達成的目標。

在這個方程式裡，明確的告訴我們，你當然可以迂迴前行，土法煉鋼，亂槍打鳥。但你真正要達成目標最省力、最穩紮穩打的方式，就是「在絕對的相信中，絕對全力以赴的發展，那麼必然能夠有絕對的成果創造」。

3 是赤子之心，3 是創意無窮，3 是團隊精神，3 是無限可能。

4 是邏輯框架，4 是堅定不移，4 是相信自己。

當 3 與 4 都從內到外，如同把過去的自己與現在的自己完全的整合了，那麼達成目標的勇氣與改變現況的力量 5 已自然成型。等同創造了未來的自己。

於是從這個方程式，我們解出了迷亂世人已久的謊言。心想事成的祕密，就是根本沒有祕密。這是大自然的法則，對任何人，甚至一隻螞蟻，都是公平的對待。

一切都在細膩的因果關係中交織，千萬不要有不勞而獲的癡心妄想。

向宇宙下訂單，是錯誤的說法。請問誰接單？你又拿什麼來換？

吸引力法則，也是錯誤的思維，那不是吸引力，而是同頻共振的結局。

有關更詳實的解說，請繼續往下翻閱。

◎ A、B、C 的本質

在生命靈數的數字學上，A 是 1，B 是 2，C 是 3。

1 是男人，2 是女人，3 是孩子。

沒有男人就沒有女人，當男人與女人都有了，才會有所謂的下一代。

1 是陽，2 是陰，陰陽融合之後，才會有 3 的無限可能。

當 A 是 Advance 時，A 就是 5。

當 B 是 Believe 時，B 就是 6。

當 C 是 Creation 時，C 就是 4。

5 是改變，是勇氣，是戰鬥。

6 是愛，是影響力。

4 是安全感。

依照 $A^2 + B^2 = C^2$ 的法則，原來改變與愛才能給人真正帶來安全感。

數字學的本質不是數值，而是數學符號所衍生在文字上的文化與精神。

A、B、C 是字母，字母是文字的組成元素，而這些看似奧妙的複雜，卻都是生命中簡單的方向與指標。

看到這裡，如果你完全看不懂，那麼表示你一路以來看的只是表象，不曾探索深層的意涵。但別氣餒，從現在開始，不會太晚。

◎ Advance

A（Advance）是發展，是一種對目標提前準備的行動。

在《翻轉命運的力量》這本書裡，我們對於英文字母所代表的力量都有深度的剖析。

1	2	3	4	5	6	7	8	9
A	B	C	D	E	F	G	H	I
J	K	L	M	N	O	P	Q	R
S	T	U	V	W	X	Y	Z	

Advance ＝ 1441535 ＝ 23 ＝ 5

於是這個字不只代表著發展，更代表著勇氣，也代表改變，更代表征戰。這種征戰與改變充滿了外在的和諧表達 2，更醞釀著內在赤子之心的無限創意。

於是心想事成最重要的就是 Advance，沒有這個元素那麼就會只是空想、幻想，不切實際的精神錯亂。

Advance 是一種踏實的執行力，由左至右的戰鬥力，朝著目標前行的爆發力以及持續力。

◎ Believe

B（Believe）是相信，是一種相信自己相信寰宇都會支持你的力量。

Believe ＝ 2539545 ＝ 33 ＝ 6

相信是一種內外皆然的赤子之心，而相信的根本目標沒有別的，就是愛。

這種愛是萬丈高樓平地起的愛，垂直的從下往上，直達標的。

於是我們必須明白，相信是愛的本質，如果沒有相信，那麼都只是佔有的控制欲。相信的原始能量是 2539545，這 7 個數字裡有 3 個 5，表示相信本質上就會帶來勇氣。

◎ Creation

C（Creation）是創造，就是你夢想中所希望能夠達成的目標。

Creation ＝ 39512965 ＝ 40 ＝ 4

最完整強大的 4 就是 40 ＝ 4，

因為 0 有放大的功能，

於是 Creation 就是最扎實的安全感。

而達成這樣的安全感，必須有屹立不搖的規矩。然後在 Advance 與 Believe 的共同協助中，必將順暢到達目標。

在 A、B、C 這三個字裡，我們很奇妙的發現了一件事，123456789 中，有兩個數字完全沒出現，1 個是 7，1 個是 8。

7 是分析，8 是金錢觀，在沒有 7 與 8 的情況下，如何能夠心想事成？

意有所指的告訴我們，**當目標決定後就不必再分析，不必再心猿意馬，更不要在過程的斤斤計較，那麼大事可成。**

◎ 空間與時間

有人說一切盡其在我，這句話不是囂張，而是無腦。沒有空間與時間發揮的時候，虎落平陽的時刻，時不我與的狀態中，英雄亦然無用武之地啊！

在數學裡，X 軸為一維的直線，X,Y 軸組成 XY 二維的平面，X,Y,Z 軸組成 XYZ 的三維立體空間。加上了時間 t，才有所謂的 4D 四度空間。由此可知「時間存在於空間裡」。

於是，時間當然可以看待成空間的一部分，空間包含了時間，於是不會說「空時」，而會說「時空」。

在奮鬥的方向裡，時間與空間的考量非常重要，因此才會有各種五術學說，包含紫微斗數、奇門遁甲，都是為了在時空裡有個最適度的安排，以達事半功倍之效。

◎ 宗教與信仰

宗教源於信仰，有信仰不一定需要宗教，有宗教不一定真有信仰。

宗教與因緣有關，若無因緣，何來一堆人追隨？

宗教莫成另一股權力的聚集、爭奪，而是應該成為有中心思想的教育體系，而這樣的教育應是智慧的提升，而非另類的一種強勢霸凌。

既然是為宗，必有緣起，有緣起必有範圍。若言主宰，必有範圍，有範圍必然拘泥。教化若欲省事而能有所依循，那麼必有規矩，有規矩必然有教條戒律。

戒若戒於行，那麼必然隨時得提醒。戒若戒於思，人在曹營心在漢的狀態也比比皆是。

教，必有師。師之言，當然也會有問題。世間何來不出錯的老師？也得看看老師的智慧到哪裡。這世界豈有不能問的道理？倘若說不出所以然來，只是說著你是對的，那就是愚蠢至極。

宗教也是選擇，不懂當然懷疑，不能質疑不能請教，無法解釋，只能接受，絕對不是大自然的真理。

宗教需要尊重，如同老師們各自有其教育學生的機制，而不是到處批判人非己是。

生命裡可以沒有宗教，但是絕對不能沒有信仰，因為信仰就是思維的歸宿，心的根基。沒了信仰，就沒了方向。**信而仰望就是臣服，就會謙卑，而非自視甚高的迷失。**

◎ 相對與絕對

我們可以用三天的時間完成三年未完成的事。

當然也只需三秒鐘就能毀滅了三十年的努力。

時間的效率，經常決定在你當時的狀態，而這狀態就是心念與行動裡的 ABC。

A：Advance「準備與執行」

B：Believe「相信」

C：Creation「創造」

相對中有著絕對，絕對裡有著相對，就如同「易中有不易，簡易與變易」。

不進則退，指的是如同物理學的「相對運動」。

當別人在努力，咱們還在原地踏步，自得其樂，那麼就是退步了。

這不只是行為，包含思維。

不必懊惱已經發生的事，不必悔恨已經浪費的光陰，重新再來一次，你依舊會如此重蹈覆轍，歷史重演。因為沒有經歷這些事，你不會有這般的智慧。

當時間的速度快到一個極限時，過去，現在，未來，就在同一個點上。

$A^2 + B^2 = C^2$。

當 A 等於 0，B 就等於 C。

當 B 等於 0，A 就等於 C。

所以沒有準備執行，只有相信，能否創造？答案是可以的。但這時的相信就只是妄想，產生的結果也會只是泡沫。

當沒有相信，只有瞎忙，能否有成果？答案依舊是可以的。但此刻的準備與執行就如同沒有方向的行屍走肉，產生的結局也必然混亂。

因此 A 與 B 不能是零，不能是負數，卻能夠是任何一種「正值」的數字，數字也是一種能量，於是我們明白了「正能量」。

當 A 與 B 都是無限大時，C 必然也是無限大，於是產生了無限可能。

以此原則，只要你想得到，那麼就沒什麼辦不到，因為人的腦不大，想得到的也不會太多。

◎ 勇敢

勇敢是什麼？

就是即使失望，依舊不絕望。

即使絕望，仍然不放棄希望。

死地，持續奮戰。

勇敢不是魯莽，不是傻膽，不是不怕死，而是為了真理與目標，不惜一死，甚至不知死為何物。

勇敢，是唯一可以說等同信仰的兩個字。「勇敢＝信仰」，這個方程式，大部分的人一定看不懂，因為很少人對自己的信仰真正義無反顧。大多數人的信仰都是因為有所求、有貪婪、有恐懼、有私欲，才會自稱自己是什麼信仰，而非信仰到為了自己的信仰可以勇敢到犧牲。

不論你信仰什麼宗教，問問自己，你是否真正勇敢了。

這世界其實可以沒有宗教，但是人們不能沒有信仰。因為信仰是心，是方向。

信仰不一定是信神，不一定是信誰，卻一定是一種信念，不違背大自然原理的一種信念，而這大自然的基本原則就是「因果」。

因果，有如牛頓的古典力學，有如普朗克的量子力學，有如愛因斯坦的相對論。

當你有了堅定不移的因果信仰，那麼你必然勇敢。

◎ 大自然法則

當人從十層樓落下，不死也重傷，但螞蟻卻不會。因為螞蟻的體重會被空氣的阻力所阻隔。雨從高空落下，也不會有恐怖的重力加速度所衍生的力道（$F = ma$，$F =$ 力量，$m =$ 質量，$a =$ 重力加速度），也因為空氣的阻力而產生了終端速度。

地球繞著太陽跑，月球也繞著地球跑，然後陸生哺乳動物們可以在地球上奔跑。

水往低處流，遇熱則蒸，遇土則滲，遇冷則成冰霜。

沒有兩片一樣的雪花，沒有兩片一樣的葉子，沒有兩個相同的指紋，沒有一樣的靈魂。

這一切所有的物理現象都是大自然法則。

這地球一直以來很少有化學變化，除了生命裡的生命現象，那叫生物化學。糞土回不去米飯，灰燼回不去枝椏，人死不能復生，這都是化學。但再多都是少的，並且沒有破壞原本的循環。

一直到真正化學科技翻騰後，石油衍生了食衣住行的所有一切，這當然是突飛猛進的科技，卻也讓破壞的環境再也回不去了。

然而，這卻是注定的宿命，為什麼？因為人性的好奇，人性的貪婪。美其名是進步，矯其情說是探索，說是考古。卻沒事把人家的祖墳都給挖了出來，說是研究。然後收門票，開放觀光，這樣真的長智慧了嗎？

試問，如此一來人類就更成長了嗎？就真正明白了所謂的歷史了嗎？

複製羊，複製一大堆的東西，也搞了複製人。

試問，生活健康，精神幸福指數真的提升了嗎？

這一切都違反了大自然的原理，卻也都是自作聰明的科學家所造就。

機器人進步的速度也越來越快，造福了資源擁有者加速複製利益的方便，製造生產的投資報酬率提升。這是好事嗎？

從 1760 年開始的第一次工業革命開始，一次又一次的革命，在供需失衡的狀態中創造了侵略、搶奪與世界大戰。

這幾年的網路爆炸也是另一波的工業革命，接下來的 AI 更是如此，但還沒想好因應措施，革命就已經開始，破壞力卻遠大於建設力。以資本家的利益考量應該沒錯，但卻造就了越來越多「寶寶難過，只是不說」的狀態。

薪資所得不足的情況，每兩年就得換一支手機，那是強迫更換的陷阱，共犯結構的組合。不論哪個大品牌，汰舊換新的速度也太快了。

那當初為何不一次到位呢？

廢話，不然這些公司賺什麼呢？

然後廢棄的手機又該何去何從呢？當然就是垃圾，就是環境的負擔。然後再繼續喊公益，節能減碳。

車子也是，不斷要你換零件，非換不可，因為歐系高級車都用環保材質。東西壞了就要丟了，請問環保在哪兒？只不過是「綁架消費而已」。

再說氣候異常，全球暖化，海平面升高，打回來的浪潮都是垃

圾。誰造成的？

假環保，真斂財。假慈悲，真謀害。

杯水車薪，緣木求魚，可笑至極。

回歸大自然，環保，絕對不該是騙人的口號，刺激消費也不該是那般權謀。

我是化學人，本來就是研發出身，我很清楚很多的科技商品早就都可以很耐用，很 Nice。**不該是越先進卻越容易出問題，越容易壞。**

實在懷念那個年代，

吃不膩的白飯，

不必吹冷氣的夏天，

用不壞的電鍋。

◎ 正循環

你圓滿他人的夢想，

天地成全你的渴望，

此乃大自然的正循環。

大家比較常聽到的是惡性循環，確實很多人會抱怨說「從來沒有這麼慘」，其實這句話很笨，因為你因為這句話的代價就是「以後一定會更慘」。因為沒有所謂的谷底，谷底還可以繼續往下挖洞。深可以更深，底可以繼續探底。

當你看到有人感冒了，你會說：「這麼爛的身體，你看我從來不感冒。」然後，隔天就病倒了，這就是「得瑟囂張症候群」。

你應該在別人需要幫助時，隨喜臨門一腳，圓滿他人夢寐以求的理想。當越多人的貴人，那麼當你需要幫助的時候，貴人也會越多。

貴人不是只有人，還有你看不見的力量，包含寰宇所有的一切，超乎你所能想像，包含天地都是你的貴人，在那千鈞一髮之際，讓你完成了渴望的目標。

助人者，人恆助之。

愛人者，天地皆愛之。

這就是大自然的「正循環」。

◎ **成就一瞬間**

成就如何一瞬間？天底下哪有如此不勞而獲的事？

其實成就真的可以一瞬間，就在觀念改變的瞬間！更在習慣改變那瞬間！

為何現在我們的成就有限？只是因為我們不夠努力，即使夠努力，也只是照著原本自以為是的方法蠻幹！再有成就，依然有限，因為我們早已被自己的舊框架束縛。

這世上最多的兩種人，

一種是感覺自己很厲害，卻眼高手低；

一種是認為自己很悲慘，苦惱沒有機會。

這兩種人都只是想著毫無意義的事情，少了靈活思索的觀念。

或許是因為從小貧困，因此我總是覺得周邊的一切都是資源，所有的資源都是商機，再平凡無奇的事物我都深感美麗。

多少人覺得經濟不景氣，我卻覺得這塊土地生氣蓬勃。

多少人覺得所從事的產業已經夕陽，在我看來依然旭日東昇。

這是從內心底處思維的變化，當您覺得困難重重，最後的結果肯定哀鴻遍野！反之，當您覺得一切充滿希望，當然才能產生動力，動力越大成功的機會越大，在這觀念轉變的瞬間成就自然生成。

這不算激勵，只是闡述事實的真諦。

您應該聽過一句話：「成功的人有成功的習慣。」

這句話看似簡單，每一個成功的習慣做起來卻並非易事。

您會問我究竟是哪些成功的習慣，

就讓筆者賣一下關子，當您讀完這本書，您就明白了一切。也當您細細讀完這本書、將書中所有的啟發運用在自己的生活，您就已經做到了習慣改變的瞬間。

因為，大多的人認真讀完一本書豈是容易的任務？將讀後的感動轉為自己的人生觀將更是困難。

但，您若想成功，並在人生的路上有所成就，請您在這刻開始實踐成功者的習慣。

◎ 千萬別說我不會感冒

這世上有沒有什麼話不能說？

當然，有！

說自己一定會成功，可以！

說自己一定不會出事情，萬萬不可！

因為「**成功可以預約，災難無法預測**」！

你會說：「不是災難來臨時，我不在現場，就是幸運嗎？」

但，誰能保證自己一直都那麼幸運？

我看過太多的例子，包含我自己。

過去我總以為自己的身體好，總以為自己的抵抗力佳，相當自豪。

當周遭的家人、朋友，東咳西咳、這邊燒過來那邊燒過去、大鼻涕小鼻涕時，我總是說：「我不會感冒！」

有一次流行感冒盛行期，我依舊不改狂妄，認為自己肯定不會有事，沒想到這一次真的中獎了。

當我們太過自信時總會有所鬆懈！

當我們太過自負時總會準備不足！

任何事都是都是如此。

當我們說：「我不會感冒！」

這就是一種太自信的危機，無常將隨時到來。

因此，我們應該說：「我不能感冒。」

這種表達方式卻展現出謹慎，當然準備會較周詳，傷害也將最低。

還記得 2003 年全球 SARS 風暴，頓時讓全人類草木皆兵。

一路上人口一罩，消毒設備滿街狂賣，量體溫成為各單位通關的首要程序，這似乎是近代史上最令人類震撼的一次。因為，死亡的速度太快了！

這一次，我開始養成了一個前所未有的好習慣。

當我搭乘任何大眾運輸工具時，第一件事就是戴上口罩。

這讓我避開了「管他流不流行」的感冒，也躲過了車內或身旁乘客的異味。

由於隨身攜帶口罩，因此到公共廁所時已經不再那麼想吐了！這應該是這個好習慣給了我最大的附加價值。

身體再好的人，也有免疫力減弱的時刻。

運氣再好的人，也有運勢降低的日子。

面對多變的世界，所有的事情都可能發生，我們除了自信地朝目標邁進外，更要提升面對突如其來危機的能力，而不是只靠著來自無明的自信。

千萬別說：「我不會感冒。」

這一篇不是只談論著感冒，而是面對所有的可能。

當不幸發生時我們必須盡量冷靜，當「沒有發生不幸」的幸運降臨時，我們卻更必須感恩，而非理所當然。

◎ 千萬別「禪」著不放

道理人人會說，但究竟做到多少？

其實，道理是走出來的，沒有自己走出一條道路，哪來貨真價實的理解？說得多了，而缺乏實證的光說不練，盡是歪理。

出家人體悟後所傳達的法音稱之為「弘法」，如果少了親身的精進修行，盡是依文解字的傳達，似乎意義不大。（筆者非出家人，因此在此不多論述，為什麼？因為沒有資格！否則犯下了佛門所說的毀謗佛、法、僧三寶，那將罪大惡極，恐怕自己也將難以承受。）

但，在家生活的我們，卻必須對生活有所理解，千萬不要頂著經典所述或法師口中的隻字片語自我解讀、胡作非為。

其實，在 1987 年的 7 月 6 日我已經在土城承天禪寺皈依佛門了，成為所謂佛門在家弟子。但，這些年的作為讓我深覺愧對佛門，懺悔之中更怕有辱佛門。因此，連吃素我也只當是生活習慣的一部分。

就像有人批評素食者的人格很多有問題，其實，我也不多辯解，因為確實如此。所以，如果你也是素食主義，除非你真的精進修行，那請你也行行好，別丟佛門的臉。或許你會辯解別人都拿著放大鏡來看我們素食者，我卻不這麼認為，確實我們真該深深反省，而非再度反駁，不忘了懺悔之心。

沒有一起吃過飯，沒有人會知道我的飲食習慣，因為，沒什好說。就在 20 歲開始素食的那年，曾經我也極力推動素食主義，彷彿不吃素就是大逆不道，彷彿只有自己智慧全開，別人都是業障

重重。搞得家裡雞犬不寧、父母懊惱，甚至還以為他們的孩子中邪了。回頭想想，那段還真是可笑，也有點可怕。

有過跟我相同經驗的人應該不少，甚至現在的你正是如此。

但，我們忘了隨緣，忘了什麼叫做本末先後，完全忘了「親親而仁民、仁民而愛物」的人間基本道理。

多少人口口聲聲學佛，但連做人處事都不懂。

多少人滿嘴佛門術語，但沒有一句自己真正理解，因為自己根本沒做到。

什麼不要執著？什麼放下？什麼修行？什麼一切是空？什麼這就是禪？

不知為什麼？這些話來自公車上講著手機、發表高論的人的口中，句句刺耳。因為除了術語，沒有實用的內容。現在的網路上類似的文章更是多如牛毛。

你真的懂什麼叫修行？什麼叫禪？什麼叫放下執著嗎？滿口術語的執著叫做放下嗎？待人處事的基本道理都不懂叫做修行嗎？連修正自己行為的能力都沒有叫做禪嗎？

當然，這類的問題也不是只有在佛門，基督教、回教……等各大宗教都有這樣的現象！

感恩節就應該吃火雞大餐嗎？南亞大海嘯發生在哪一天你還記得嗎？愛是恆久忍耐、又有恩慈，愛是不忌妒、不張狂，但聲稱信仰虔誠的教徒們又做到了多少？

宗教理念融入生活，如果令家庭和諧那叫加分，如果引起紛爭，請你乾脆直接出家，別再廢話！

然而，修行第一課請先學，千萬別禪著不放。

因為，禪的境界絕不是在討論「見山是不是山？」的問題，而是踏實生活中的智慧。

宗教的本質也不會是要我們掌握飄緲未知的極樂世界或天堂，而是造就當下心靈層面的安然。

當你已經悟得此理，你會更認真的過著每一天、更謹慎自己每一個行為，這就是修行。

當你明白什麼叫做修行，你就會清楚什麼該放下，什麼該提著。

生命的自在，沒有其他方法，只有一句：「提不動的就放下，放不下的就提著。」這就是最簡單的人生大自然法則。

◎ 不然你就別說

大家都知道「信用」這兩個字非常重要，因為這是一個人想具備說服力的最重要關鍵。

不論是家人、朋友、同學、師生、事業……，人際關係的基石就是「信用」！

我們應該都有相同的經驗，有的人在講話的時候都很飽滿、都很大聲、跺腳拍胸、表示一切都沒問題、表示一切包在他的身上！

等到時間到了交不出來，不是不敢面對、啞口無言就是理由一堆，這樣的情形發生一次或許情有可原，發生太多次就必定令人反感！

在生意場上，我已經跟國內外很多廠商合作過，當然有些廠商越合作越密切、越來越像朋友、越來越像夥伴、越來越像家人，這是一種合作默契的長期培養，更是因為信用的地基扎實，否則沒了信用哪來的默契！

同樣地，有些廠商一開始和你稱兄道弟、殷勤得很、樣樣周到、萬事 OK，等到問題發生了，所做的承諾沒有完成就什麼都和他沒有關係，避不接電話、更怕見到你的人！你想他的生意能做多大？能做多久？

這種情形，我向你保證，原有以為穩固的大客戶便會一一流失，一旦驚覺後悔一切也都來不及了！這種除了信用的極度差勁外，更顯得服務品質的惡劣。如果是你，你會繼續當他的客戶嗎？

消費者時代來臨，一項產品的誕生，經常是環環相扣，其中一個環節出了問題，對末端消費者的服務就會減分。而當消費者另

尋提供服務的對象時，這種損失也將是連鎖效應！如果你是經營者，你允許任何一個上游給予任何你所無法接受的藉口嗎？為了這些藉口，你必須有完美的謊言來塘塞你的下游，如此的惡性循環，終究會讓這條消費線應聲消失！你說可不可惜？

所以我說：

經營一份事業最必須重視的就是信用，如此才是企業永續經營的根本！

說的話一定要算話，不需要花言巧語、不需要舌燦蓮花、不需要咬文嚼字、不需要假情假義，只需要一件最重要的原則——**說到做到！不然……你就別說！**

◎ 分析自己的 SWOT

「SWOT 分析」通常是企業及品牌商品的分析，而今我拿他來分析自己、分析人，可能史上第一遭。

既然是分析，我們要先知道什麼是 SWOT，這是行銷學上的專有名詞，S（Strength）就是優勢、W（Weakness）就是弱勢、O（Opportunity）就是機會、T（Threat）就是威脅。

應該大家都有經驗，在寫學校或公司的人事資料時，通常都會有一欄是要你寫上自己的優點與缺點，但是大部分的人連自己的優缺點都不知道，回想一下你是不是也如此？

其實，誠實地分析自己、面對自己之後，才能夠明白自己究竟應該在哪一條路上發展，才能真正知道自己有幾斤兩重，也方能感受自己是否具備競爭力，更進而找到改善自己的方法，彌補每個人都一定會有的缺憾。

然而，分析自己不能只是分析優勢及弱勢，更必須知道自己的機會在哪裡、在何時，同時必須知道自己的威脅在何方。

並且這種分析必須隨時修正，因為過去的優勢在現在而言，可能已經不具備競爭力，現在擁有了機會也不一定自己就真的能夠掌握。

當然在職場中，大多數的人最容易忽視的就是大環境的威脅，以為靠著自己現有的優勢與機會，肯定能夠避該所有的威脅。

我們看得到，很多的企業大運常常只有拾年的光景，時間過了就開始面臨企業老化的局勢，這是屢見不鮮的案例。因為新的人才倍增，新的人才接受資訊和轉換資訊成為戰力的能量也較強，

因此一旦新生代成了氣候，老一輩的企業主即使經驗豐富，卻也無法避免掉這一場無情的鬥爭！

企業體如此，個人的情況更是如此。

我們也看得到，很多公司的老將，一幹就是一、二十年，卻再怎麼升也升不上去，眼巴巴地看著一個又一個的生力軍成為了空降部隊，凌駕在自己的頭上，情何以堪？

但是，我們是否去思考過為何這種事情會不斷上演呢？

是不是自己學習得不夠？是不是自己所謂的專業已經落伍？是不是現代的科技產物我們根本不會運用？是不是新人一個人的能力已經可以當成我們好幾個老弱殘兵在用？是不是自己已經失去了可塑性？是不是自己的積極度已經不再如前？

太多太多的可能！**歷史已經告訴我們，沒有一個長生不老的皇上，也沒有一個永不退休的丞相，更沒有一個永遠在戰場歷久不衰的猛將，最沒有一個不曾改變的朝代。**

我們想要在職場的競爭中越陳越香，唯一的方式就是學無止境。讓自己的優勢不斷翻新，讓自己的弱勢也持續強化，更要隨時注意自己是否面臨現在或未來可能發生的威脅，把握、並創造為自己量身訂作的機會，這才是生存之道！

◎ 勿以錢少而不為，勿以錢多而為之

我們都聽過「勿以善小而不為，勿以惡小而為之」，卻沒聽過「勿以錢少而不為，勿以錢多而為之」吧！當然，因為這句是我說的！

大多人看了小收入總不起眼，殊不知累積起來可是嚇人！

大多人看了大利潤總是亮眼，殊不知背後的問題粉恐怖！

賺慣了大錢的人，當有賺小錢的機會時總覺得沒有感覺、不重要、不需要、不懂珍惜，但忘了過去賺大錢之前也是由小錢累積起來的！

當然，花慣大錢的悲慘度更加嚴重，因為沒錢花時的痛苦指數肯定100％！

由儉入奢易、由奢反儉難，這是眾所皆知的道理，但大多數的人很難預防這樣事情的發生，並且難以承受變故的出現。

如果我們能珍惜每一次賺小錢的機會，並且不論賺多賺少都能平淡自在的生活、不過度奢華，因錢而來的痛苦將不會出現！

貧賤夫妻百事哀，大家也都懂，但千萬記得在窮困的時候懂得節約自在，在富有的時候也不應該進入所謂的量入為出，而是未雨綢繆，那麼即使大運已過也能度著好日子！

人的收入其實不是看你賺了多少，而是看你存了多少！存得下來的才是你未來可以運用的，花掉了就不再是自己的了！

即使是企業家也必須懂得守成，因為企業的起起落落是常有的事！不曾賺大錢，也沒機會負大債！不曾站在高崗上，更不會有所謂的墜落！

這不是要你不知進取，而是要你千萬別忘了本。

在我們出生時，帶來了什麼？入土為安時，又能帶走什麼？

先不論前世來生，

我們卻得瞧瞧自己這輩子過得是否安穩、自在、坦然！

如果小小的收入能讓自己天天快樂，

如果累積丁點能夠讓自己財富滿貫，

我們為什麼不珍惜現在每一次的好機會，踏實地度過？

如果賺的大錢有今日無明天，

如果風光的日子卻必須背負淒涼的無常，

我們為什麼不為自己未來的時日積存一點糧食、柴火，不怕寒冬來臨？

經營自己與經營企業一般，

除非財力雄厚，否則保守為宜！

有多少可真正靈活運作的資本，就做多大的投資，千萬不要因為一時的衝動還搞什麼借貸。

借錢做生意的景象你應該都看過，最後常以負債收場。

好比股票融資，經常牢牢套住。

這種生意經，走過的人必定深深共鳴！

思索……

把自己當成企業，要想著物流、金流順不順，最重要的是給客戶的服務能否令人滿意！

把企業當成自己，千萬要記得愛護自己的身體，經常感冒還活得下去，缺肝少腎可沒了生機！

◎ 再給我一點時間

　　大三的時代，我就跟著前淡江理學院院長、前副校長陳幹男教授做專題研究，當時的主題是 PU 的運用，這是陳老師的專長、研究的主方向。

　　研究所還沒開學，我就找老師報到了，其實那時連放暑假都還沒開始。

　　老師看我認真，因此給了我一個老師也沒接觸過的超級題目，因為老師已經與跨校的幾個教授一起接下了一個中油的研究案！老師負責研究合成高密度聚乙烯（HDPE）及聚醯胺（PA6）的相容劑。

　　初生之犢不畏虎，我點了點頭，接下了這個案子！這個方向，實驗室裡的學長沒人能幫我，因為沒人懂，八竿子摸不上邊。

　　我在圖書館裡找遍了相關的 Paper（研究報告），總量已經超過 1000 份，然而其中所提的一切方法與儀器配備，沒有一項在化學系的實驗室裡可以找到。做好事情必須用對方法，即使我再怎麼努力也都是徒勞無功，你問我難道什麼收穫都沒有？

　　有！唯一的收穫就是，這一切的方法都沒用！

　　我開始尋找外援，連原料都自己找尋關係獲得，這時我證實了自己人際關係拓展的潛能。

　　打著老師的名號，我到處尋找資源。我認為這才是研究生的精神，而不是只是傻傻地待在自己的實驗室吸著沒營養的毒氣！什麼都沒做到，只是傷害了自己思考的能力！

　　我的實驗幾乎都是在別人的實驗室完成，淡江化工系林達鎔老

師的實驗室、臺科大葉正濤老師的實驗室、交大張豐志老師的實驗室、臺大國科會精密儀器室,因此自己實驗室的夥伴很少能見到我,更不用說是老師了。

但時間太快,轉眼半年過去了!

老師再忙,卻也經常找我問研究進度。

快過年了,再一個星期就要除夕。

老師約我會議,他沉重地說:「許宏,如果這個研究方向無法有眉目,壯士斷腕,我們換個題目,否則會影響你畢業的時間。」

我,震驚!不知老師竟然會這麼果斷,還是因為鮮少出現在自己的實驗室,對我已經懷疑甚至放棄?

我回答:「老師,學生我這半年來的辛苦沒人知道,委屈也沒人了解,但研究的精神無人能比,我不想炫燿也不願哀嚎。只是研究已經開始露出曙光,現在放棄我不甘心,希望老師再給我一點時間,一個月內沒有具體成果,不用等老師開口,學生自動放棄。就如同您說的壯士斷腕!」

老師輕輕的點點頭……

一個星期過去了,這一天正是除夕,整個化學館早已空無一人,只留下了我一個空蕩的身影,在作最後的 TGA 測試,以證實此實驗的方式是否正確!

晚上八點半,比對分析圖在電腦上顯現來的那瞬間,我的淚再也壓抑不住了!

平靜地拿起了實驗室的電話,撥給老師:「老師,我終於成功了!今天除夕,祝您新年快樂!」

這是我今生最難忘的除夕!

◎ 別再問了

太多的人問我同樣的問題，

為什麼吃素？

我回答得很累，

最後統一標準答案：「不喜歡吃肉！」

其實，二十歲之前我是一個無肉不飽的人，一餐少了肉就像沒有用餐一般，似乎這正是大部分人的共同煩惱。民以食為天，食的問題給了我們人生最大的煩擾。如果可以少了這層困擾，多好，這是我茹素多年後最大的收穫，否則，素食只是素食罷了。跟牛羊吃草沒什太大差別。何況，假的素食加工品如此多，在現代社會有幾個素食者能保證自己吃的真的是素食？

其實，如果您一定要問，

那故事還真長，最後讓我下定決心吃素的原因，竟然緣起於一本書：《孫子兵法演繹》。

這真是令人納悶，所以我說別再問了！因為，這些歷史故事給了我深深的感動，多少能人異士才高八斗、豐功偉業，最後卻不知人生的方向在哪裡，而平凡如此的我究竟在追求什麼？

當時的我卻正徘徊在社會的邊緣，似乎在那感動的剎那，我頓然驚悟！

於是，我到了土城承天禪寺尋找真理，在和一位出家苦行僧一起劈材暫歇的片刻，我問了師父一個問題：「請問師父，『義氣』這兩個字何解？」

師父望了望我，說：「學佛的人要講慈悲心，不是講義氣！年輕人，勿染江湖之氣。」

我當下有如棒喝！淚如雨下，一路飆車回家。

媽媽正在炒菜，我輕輕地抱著媽媽，說：「媽，我從今天開始吃素。」

而這一來，就近 30 年過去了。

我不太向別人說我是佛教徒，因為害怕有辱佛門。

我也不太向別人闡揚素食了，因為素食似乎不代表任何意義。聽說希特勒也是素食主義，這只是飲食習慣的一種罷了。

而這沒有意義的意義，對我而言卻是決心的開始。

這不是一本宗教書籍，因此，我不對素食多加論述。但，真正的素食卻有很多的好處，您若試個幾年，肯定也能感同身受！

◎ 沒什麼差別（A）

人和其他哺乳類動物真的沒什麼差別。

以前有人跟我說：「你看這些動物多可愛啊！」

我說：「那人不算動物嗎？」

如果不算動物，那算植物嗎？如果都不是那算什麼？

其實，不必絞盡腦汁多費思維，人本來就是動物。只是在現今的時代，人類幾乎掌控了地球上所有的生物，只因為人類已經是弱肉強食中最強的一族。

這個問題，除了特別去思考的時候，大部分的時間早就忘得一乾二淨。但，人就是動物，大家千萬別忘了。

還記得 20 歲之前我還沒素食，回想當時好像還真的什麼都吃過。所謂高檔的鮑魚、魚翅甭說，至少一般人吃過的東西，我也都試過了。

拿雞來說，除了雞毛吞不下去、雞屎吃太噁心外，一鍋燉過的全雞，我可以從頭吃到腳，最後只剩下一丁點嚼過的骨頭屑。在當時，我們稱之為惜福。

雞太小隻，豬龐大一些，彷彿除了豬毛、豬屎，我也是沒有一個單位放過，從你想像不到的豬眼睛，我都下了肚。

在高速公路上，一車子豬兄弟們與我們的巴士並駕齊驅，從車窗外望去，冷空氣裡牠們打著哆嗦，這份顫抖震到了我的心坎！當我瞧牠們的時候，似乎一雙雙眼睛都在對我訴說著生命的哀歌。

突然驚覺，這些生命和人類並沒什麼差別，五臟六腑一應俱全，只是這當下他們四肢站著我坐著。

你說，我們和牠們不同在哪裡？或許只是長相不一樣罷了，或許只是噸位比牠們小一些。

連眼神都比人類有感情啊！

此刻的我彷如八旬老翁，老淚滂沱。

如果我是牠們，我該如何？

如果這是因果，未來我們又是如何？

◎ 沒什麼差別（B）

腦中浮現一幅幅過去的畫面，

淡水河畔漲潮時，一波波被打上岸的魚苗，這是他們生命的剛開始，而我們的未來又往何方？

一群群候鳥劃過天際，這是他們生命中的功課，而我們的功課究竟是什麼？

孟子曰：「人之異於禽獸者，幾希！」（人和禽獸的差別太少了！）

那究竟人和禽獸的差別在哪裡？

能力不談，人和禽獸的最大差別應該就是：人應該擁有仁愛的人性。

否則不就是衣冠禽獸了嗎？

你看過 A 片（色情電影）嗎？其實，這和動物奇觀有什麼差別？只不過人類的動作更加多樣化，更加會運用姿勢與道具享受其中的樂趣。

否則想想，人類的動作似乎比所有的動物都不雅。

人，你說和禽獸是不是真的沒什麼差別？因此很多人選擇當禽獸。

望著鳥，人說：「如果我能像鳥一樣在天空中飛時，多好？」

鳥說：「飛翔是一種快樂，但我們的生命危機四伏，還是當人類好。你應該珍惜當人的日子，天冷了有衣穿、風大了可進屋、雨下了還撐傘、走累了可坐車、想要飛可以搭飛機。當你真的下輩子變成鳥，你就會知道鳥的日子並不好過。」

看著魚，人說：「如果我能像魚一樣在水裡悠游時，多好？」

魚說：「悠游是一種自在，但我們的痛苦沒人知道，還是當人類好。你應該珍惜當人的日子，想泡 SPA 才下水、想要高溫有高溫、想要冰冷有冰冷、想加鹽巴就加鹽巴、想滴精油就滴精油、想游泳就游泳、想潛水就潛水、想上岸就上岸，這種在水中的樂趣只有你們人類才能感受。

而我們魚類除了隨時可能被撈上來外，水的溫度、濁度、鹽度、環境變了，我們只有死路一條，更別說享受。

我們游來游去，不是閒著沒事，是在覓食！如果我們只在水底休息，天上掉下來的禮物也很難送到我面前。

當你真的下輩子變成魚，你就會知道魚的日子粉辛苦。

還有，你們人類說人生無常，其實魚生更無常。

卵還沒受精就被暗流沖走，還沒孵化就被大魚吃掉。為了覓食競爭激烈，好不容易以為看到了幸運，卻被人類釣起。

人類的下水道，最後的終點就是這裡。這種惡劣的環境，我們越來越無從選擇。一艘艘的船漏出了石油，人類所謂珍貴的黑金，卻也瞬間奪走了我們的生命。

說不完，道不盡，魚兒真命苦。如果可以當人，我絕不會選擇當魚。

只是現在我還是魚時，請你們人類行行好、幫幫忙、救救命……，放我一條生路！

如果你真的想當魚，也請為你以後的生活環境多照料照料！」

◎ 沒時間心情不好

在人生的競技場上，我們除了隨時會遭受無常的來臨外，更必須面對競爭者的挑戰，因此做任何事情我們都沒有任何藉口說沒時間，即使時間真的不夠。

多少人整天都在說心情不好，其實，我們什麼事情都該有時間，就是沒時間心情不好。

多少人在臨死前的最大遺憾都是，來不及了。

我們若要把時間花在心情不好，不如將這樣的時間拿來寫遺書，因為如果我們就要死了，就要真正沒有時間了，您還會不會心情不好？

心情不好，是一種失落、是一種空虛、是一種無助、是一種可能有原因也可能沒有原因的感受。

太多的人都把寶貴的時間花在這樣無意義的事上，其實每個人都會有情緒低落的時候，包括我自己。但如何將這種情緒的過程盡早結束，才是我們必須使勁的地方。

您會說：「那該如何解決這難題呢？我也希望趕快忘記不愉快的事，但，越是想忘記就越難忘記，那該如何是好？」

是的！這是所有人共同的現象，越是叫自己不要想狗屎，腦中的狗屎就越清不掉！看完恐怖片後越叫自己不要想魔鬼，那肯定是蓋著棉被、閉起眼睛都害怕。

唯有將自己的心思放在現在必須完成的事情上，努力去達成，

那低落的情緒將自然消失。

心情不好，於事無補，積極思索解決之道才是上策。

很多人以為 EQ 不好就是脾氣不好，其實心情不好更是 EQ 不好。因為，EQ 的真諦就是情緒管理，而情緒的管理並非只有管理脾氣、壓抑怒氣。

真正的 EQ 是一切平常心以對，一切練習平靜！

說來容易卻很難。

但，這正是成功人的基本課題。

成功的人任何事情都不該有沒時間的藉口，唯一最不應該花時間的就是「心情不好」。

◎ 享受淒涼

當你傷心哭泣時，

你會想找人訴苦，常常帶來的不是安慰，是懊悔。

你會想聽個快樂的音樂，常常帶來的不是喜悅，是煩躁。

你會想到有陽光的地方曬一曬，看能不能曬乾淚水，卻沸騰了苦惱。

其實，當你冷的時候，你如果只想著好冷好冷，那將無法抵禦寒冷而直顫抖！這時你若能融入冷的境界告訴自己就是愛這個冷，你將不再這麼冷。

當你熱的時候，熱汗直流、全身溼透，如果你只想著好熱、快熱壞了、快熱死了，那你將痛苦不已、確實可能熱死！這時你若能融入熱的意境享受這份熱的美好，如同在三溫暖（桑拿）中的烤箱中的體驗，你將欣然接受這份熱。

這種境界似乎是一種禪，如果你要說是那就是吧！但，我要說的是，這種境界每個人都做得到！

同上所述，

當你傷心哭泣時，

請聽著淒涼的音樂、看著淒涼的劇情、沖著蓮蓬頭的水聲、望出窗外最好還下著大雨，彷彿全世界的人都同你一起哭泣，大自然也與汝同悲，大聲嘶吼幾聲，抱著棉被痛哭，哭到不行，哭到睡著，哭到忘記自己為什麼哭了。其餘的，千萬別再多做任何不相干的事。

你會發現，隔天醒來一切都沒想像中的糟。

至少，你將少了對自己多做的事所產生的後遺症所困擾，否則一切的不妙才真正開始。

這也是 EQ 的管理，當情緒來時順水推舟、不必壓抑，只是要確定的是，方法正確。

◎ 始終如一

出家一年佛在眼前，出家三年佛在天邊！

這句話一語道出人性深層的基本面：精進心易起，長遠心難持！

我們經常會很興奮地立下志願、設定目標、勇往直前，卻也經常因為小小挫折垂頭喪氣、一蹶不振、淡忘初衷。這幾乎是所有人的通病，然而也印證了為何成功者總是只發生在極少數的原因。

我們對一件事的堅持究竟有多少？對一種堅持的信念究竟能多久？

這種長遠心在人性的基本面確實很難看得到！如果你能對每一件事都具備長遠心的堅持，成功指日可待！

太多人對太多的事都說得太滿，對愛情的熱度如此、對事業合作夥伴如此、對修行的程度如此、對承諾的遵守如此、對所有的事似乎都如此，總是說起來嚇死人，做出來笑死人！

因為人們忘了，信念的堅持是成功的基本要素，做任何事情肯定都是如此！

我們常說天不從人願，其實這背後隱藏的原理就是發願之後的磨練，不曾立下目標不會有考驗，不曾下定決心不會有煎熬，很多人把這一切說得太玄，說是魔難、業障，你要說是，我也不反對。

但，淺顯易懂的道理就是，

當我們立下目標後，總忘了為可能遇到的障礙做準備。

因為，未曾開墾的道路不可能寬廣直平，未曾灌溉的果樹不可能結實滿滿！

而這一路風雨可能交加，亦可能天搖地動，更可能猛獸遍野。

你認為是魔考，其實只不過你尚未真正做好準備，迎接一切可能的挑戰。

如果你早已做好了準備，會發現目標的達成只看一件事，那就是你對這一目標信念的堅持是否始終如一。

◎ 最快的是什麼

這世上最快的東西究竟是什麼？

聲音嗎？不！「光」比聲音快，閃電之後雷聲響。

那還有什麼比光的速度還要快？

有！只有一樣，那就是「念頭」！

我們從臺灣乘坐飛機到歐洲要二十個小時，到東南亞也要四、五個鐘頭，到香港至少也得六、七十分鐘，然而飛機已經是地球上最快的交通工具了！

光再快，宇宙之大，星球之間往返的距離竟也必須以光年為計算單位。

但「念頭」這個東西卻可以在一瞬間到達宇宙任何一個只要你想得到的地方。

這種速度才叫做快！其實用速度來形容「念頭」的快已經太過膚淺，因為念頭所及幾乎可以同步完成。

但是「念頭」這檔事只能一次完成一件，不能同時多件，否則就沒有所謂的速度可言。因此專心做任何一件事，就是成功與速度的保證。

「念頭」就是想法，想法就是心念，一念之間就是成敗關鍵，可見此念之重要性。

多少人一念定江山，多少人一念千古罪。

多少人一念石成金，多少人一念變灰燼。

多少人一念得嬌妻，多少人一念眾叛離。

多少人一念還原貌，多少人一念屍骨寒。

多少人一念化菩薩，多少人一念地獄忙。

念力無形卻最強，念力無聲卻震撼。

這世間的一切成也快、敗也快，成就與否，盡在一念間。

◎ 等待

我們的一生，做最多的事究竟是什麼？

難道就是標題的這兩個字？

你會說：「我不是！」

那就讓我們回顧一下，看看你是否真的不是！

在媽媽肚子裡時等著出來，

肚子餓了等著吃飯、天黑了等著洗澡、洗完澡等著睡覺、睡醒了等著出去玩……

等著大人買零食和玩具、等著生日、等著兒童節、等著過年穿新衣領紅包、等著下一個過年的來臨……

等著上幼稚園、上小學、上國中、上高中、上大學、等著考試、等著放榜發成績單、等著幾家歡樂幾家愁、等著下一次的挑戰……

等著能交男女朋友談戀愛、等著情人再相會的日子、等著可以光明正大地抽煙喝酒、等著說我已經長大了……

等著當兵、等著放假、等著退伍……

等著可以真正自己賺錢、等著加薪、等著升官、等著年終獎金……

等著結婚、等著生小孩、等著餵奶換尿布……

等著孩子長大、等著看自己的孩子結婚、等著看自己的孩子生小孩、等著看自己的孩子餵奶換尿布……

猛然一回頭，

驚覺等著等著自己已經老了。

接下來還能等什麼？

等著離開世間的前一刻，用最後一口氣交代完最想說的話，用最後一眼看最想看的人。

而這一生就這樣從等待中開始，在等待中結束！

在媽媽肚子裡時等著出來，等著過生日！

接下來等著過兒童節！

上學之後等著管他什麼節，只要能放假就是好節！

談戀愛後等著情人節！

當媽媽的等母親節，當父親的等爸爸節。

工作之後等五一勞動節、端午節、中秋節。

期待放長假等著過春節，

生命終止後，只能等待清明節。

我們逃不出等待的魔咒，只要你是人，只要你是生命。

但我們確實能做的是，

在等待的先前詳實計畫，

在等待的過程確實努力，

在等待的當下安心踏實！

如此，

這樣的等待就將排除大多的空虛、無奈與感傷，只留下了美麗收成的剎那！

這樣的等待總會帶來些許甘甜，這樣的等待才會充滿喜悅！

而這一切，我們不需花心思、耗精神刻意等待，而是真實地掌握生命的每一個瞬間！

因為，等待已經不再是件苦差事！

◎ 「誤」以稀為貴

經常看到電視新聞說，某稀有動物瀕臨絕種，列為保育類動物。

這是國際性的現象，也是全人類很奇怪的思維模式。

保護稀有動物當然是好，但為什麼只有稀有動物要被保護？其他的生命就不該被尊重？

名模穿戴皮草要被批判，還必須解釋這是合成混合皮，不是貂皮毛是兔毛。

這一幕幕的對話究竟是名模有問題？媒體有問題？還是人類的腦袋有問題？

是不是所有的皮鞋、皮帶、皮衣都不該穿？是不是愛基斯摩人身上的裝備都該脫掉，凍死在冰天雪地？

究竟這些所謂的愛心人士是不是真有愛心？是不是真懂憐憫？

是不是真的希望讓所有活蹦亂跳的動物們可以自在生存？讓牠們在空中展翅飛翔、在水中盡情遨遊、在草地上輕鬆奔跑！

是不是「愛心人士們」都看過豬、牛、雞、鴨等「並不稀有的動物」的屠宰場？不論是空手宰殺或科技電宰，哪一項不是慘不忍睹的無情？

但是「愛心人士們」繼續吃肉，繼續吃肉的時候談論著保護稀有動物，繼續討論這肉質的鮮美與否，繼續討論哪一種品種及哪一種烹調方式較美味可口，也繼續說著穿皮草人們的殘忍。

買著門票，看著動物園裡的猛禽野獸，啃食著人類宰殺其他生命所帶來的血腥。

看著馬戲團裡的海豚，在精湛演出之後張口吞下工作人員所提

供的鮮美魚類。

這就是人類的智慧？愛心？

您說這是不是超級大笑話？

可能看到這裡，您突然震驚。但，明天你就忘了。

孟子曰：「君子之於禽獸也，見其生，不忍見其死；聞其聲，不忍食其肉，是以君子遠庖廚也。」

（譯／孟子說：君子對於禽獸，看見牠活著，就不忍心看到牠死去。看到牲畜被宰殺的過程就捨不得吃他的肉，所以大部分的人都不喜歡到廚房看到這些血淋淋的畫面。）

其實所有的生命都是如此珍貴，不容得任何其他生物侵犯，但在大自然的生存法則中，本來就有一個環環相扣的大自然方式，只是人類侵犯了這一切、破壞了這一切。

人類破壞的不只是稀有動物的生存，也同步犧牲了所有生命的自由。

要說殘忍，人類最殘！

要說好戰，人最好戰！

要說自私，人最自私！

要說無情，人類第一名！要說智商，人類最高！要說智慧，人類卻不一定及格。

人類做了太多自以為聰明的事，

自以為掌控了一切，卻可能已經禍及子孫。

自以為是生命之尊，卻忘了自己也只是一種動物。

「物以稀為貴」是人類的價值觀，彷彿少的就是好的，少的就是貴的！因此，失去了才懂珍惜，擁有了就忘了自己！

其實，在地球上什麼最少？

夢想最少，因為夢本來就沒有，即使失去也無關痛癢，因此少的東西不一定貴！

地球上什麼最多？

空氣和水最多，但人如果沒有了空氣和水，就再也活不下去了！

親愛的朋友，

少和多是一種相對論，我們想要好好地生存在這空間，必須拋開這些錯誤的價值觀。

一切的物質，一切的生命都是如此珍貴。沒了這一切，也沒了我們。

千萬別再「誤」以稀為貴了！

要保護，請保護所有的弱勢！

要疼惜，請疼惜所有的生命！

◎ 儒花問三太子

這是一段儒花與三太子的對話，當您看完這段精采絕倫的對話，您對幸運的真諦必將了然於心，一切豁然開朗！

儒花問三太子：

究竟如何才能成功？

三太子說：

當然必須先有努力的精神才會有機會啊！2004 年美國太空總署 1 月 3 日成功地將精神號送上火星，1 月 25 日機會號隨之而來，先有精神才有機會，這是天意！

儒花又問三太子：

究竟什麼是幸運？

三太子說：

當災難來臨時，我不在現場！

當機會來臨時，我已經準備好了！這就是幸運！

儒花問：

當災難來臨時，我如何不在現場？

三太子說：

諸惡莫作，眾善奉行！

儒花問：

當機會來臨時，我該準備什麼？

三太子說：

精神！全力以赴的精神！

儒花問：

當我擁有全力以赴的精神時，我可以在哪裡找到機會？

三太子說：

你在哪裡，機會就在哪裡！

◎ 不要囂張，不要得瑟，不要忘形

囂張，得瑟，忘形，都是病。

仗勢欺人，壓榨弱小，各種霸凌，都是一種不入流、沒智慧的行為。因為你以為你能強多久？你以為你不會有比這種更慘的狀態？

得勢之時即使不是僥倖，都得感恩，千萬不要在態度與行為上揮霍。

當然你也會有勢弱氣虛之時，在這樣的狀態，當然不要萎靡不振、放縱感傷，要知道這正是可以囤積能量的時候。

每一種情勢都是機會，如同春、夏、秋、冬四季皆有其特色，24節氣皆有其轉折，天干地支所歸納的六十年剛好就是一個甲子。

每一個干支都有其特色流向，於是有所謂的流年流月流日。這些是玄學嗎？是迷信嗎？當然不是，這是大自然的科學。

但大多數的人，會把不懂的事稱為迷信，也更多的人都迷失於茫然的信仰，於是為了破迷而理智，不是嗤之以鼻，而是虛心學習。

然而這世界最悲慘的就是下列幾項：

1. 門外漢擁有證書；

2. 有證照的不思精進；

3. 懂原理的說不出所以然來；

4. 有真功夫的沒有法定資格；

5. 無能者居其位。

　　於是我們要明白，過與不及都是醜態、都是無奈，但這就是世界，永遠沒有圓滿的一天。

　　沒有所謂的永遠的美好，沒有永遠的強，沒有永遠的優勢，沒有永遠的擁有，沒有永遠的永遠。

　　有，當思無。

　　富，當思貧。

　　美，當思醜。

　　豈能囂張？

◎ 生死邊緣

唯有走過生死邊緣，方能真正體悟何謂生命的無常。

為何是邊緣呢？因為真正死了，就回不來了。

生為死的開始，死為生的結束，而結束卻又是另一個開始。就像演一部電影，殺青了就別再回顧，只能專注下一部。

每一個生命都是一部部電影所串聯，看似沒關聯卻又分不開，想要清晰來龍去脈卻又記不得。

這是大自然的基本原則，卻也是大自然的慈悲。免得生命總在無窮無盡的混亂中翻攪，永無超脫的寧靜。

於是你要記得，死後的因果循環仍舊跟隨，卻也不是你所能控制了。我們只能在活著的時候做自己該做、能做、想做的事，切莫等到生死存亡的臨界點，才在感嘆「早知道」。

「早知道」這三個字是最不負責、最無能、最無意義的一句廢話。

無心，你不會知道。
無能，你不會知道。
無緣，你不會知道。
無恥，你不會知道。

知道，是兩個字。知是知，道是道。
你知，不一定上道。如果上道，遲早都會知道。

◎ 主力與助力

氣，究竟是什麼？

不是氣體，也能是氣體，卻是恰似有型卻又無形之能量。

精油為液，竄其氣。

寶石為固，養其氣。

文字、語言、數字，振其氣。

精油、寶石、念力，皆可為心想事成之氣，化阻力，添助力。

做任何事都有主要的力量與次要的力量，這一切如同中藥配方裡的「君臣佐使」，沒有什麼不重要的，統統都必須。就像一場戲，不能只有主角，也要有配角，也要有背景、布幕、檢場、跑龍套。

但切莫本末倒置，把真正重要的「執行力」丟棄，盡想著不勞而獲的截彎取直。

但如果能夠把可以運用的資源都運用了，至少你不會再給自己藉口，說甚麼運氣不好。

給自己最佳化的氣場、磁場，給自己最完整的「祝福」，那麼也能夠讓自己的「信心」最大化，趨近心想事成的狀態。

◎ 「話道」與「文字道」

說話的能力分幾種層次，

說得順暢，說得精彩，說得感動，說得共鳴，說得發人深醒，說得植入心坎。於是說話不只是技術，更是藝術。

是權謀也是五術，在文化的內涵裡，穿透於山、醫、命、相、卜。

說話是陰陽調和五行平衡的功夫，說話是貫穿身心靈的頻率，說話是因果交錯的音律，成敗皆在兌其言，而非綻其舌。

說話說話，話是舌上之書法，說是揮灑之文章。

話是名詞，說是動詞。

未做而言即是胡說，

不落心坎即是傻話。

說話就是相印心靈的行為，

說話就是修行。

想你要的，說你要的，做你要的，結果就會是你要的。但，話要怎麼說，確實常是成敗的臨界點，練會了言語應對，如虎添翼。

言武門「話道」就是如此方向的說話訓練。

融合道家、兵家、法家、縱橫，

穿透表達、溝通、說服、談判。

不同主題，針對各種狀態與需要，臨場鍛鍊隨機應變的能力。強化：

上對下的表達藝術，

下對上的溝通技巧，

寡對眾的說服能力，

弱對強的談判邏輯。

沒有什麼說得好，

只有靈活話得妙。

然而，表達不是只有語言，還有文字。透過文字將更有穿越時空的影響力。

中華文字之美，不在花拳繡腿的功夫，而是字裡行間的力道。

語句的源遠流長，不是文字矯情的排列組合，而是發人深省的靈性。

說話不難，把話說好，很難。

寫字不難，把文章寫出感動力，影響力，就很難。

難是因為「沒有正確的傳授」。

難是來自「沒有自信的思愁」。

言武門已開門，言語文字轉乾坤，豈有繁文亂語在左右。

美很簡單，從心開始。

言武門之文風，

重內涵，有精神，深影響，

韻情感，必美觀，更要唸時音順暢。

時斂時外放，可今詞，可古詩，卻以明瞭具體為標竿。不以瑣碎顯雜亂，不讓偏字惹心煩。

達觀而智張，力霸可上崗，媲美古今中外文，夢裡迴盪，遠流傳。

吾人稱此為「言武文」。

既然言武門將說話與文字以「話道」與「文字道」呈現，就是希望表達力的一切能夠在正道上延伸與傳承，不再只是花拳繡腿的虛晃一招。

◎ 贏在表達　綻放人生

贏，這個字，很多人詮釋，卻未能真正到位。

當咱們更深入其內在，通透其意涵，

方能體會「贏」的真諦。

萬丈高樓平地起，

「贏」的基礎，緣起於身、心、靈的平衡，

月貝凡，由左至右就是身、心、靈。

「月」為肉，即為身，沒有良好的軀殼，一切就沒了依附，因此身體的健康是根本。

「貝」為心，心思財，生命奮鬥的方向，物欲的追求不必矯情，很是重要。

「凡」為靈，落人間，立於天地間，不愧於寰宇，盡是學習的累積，能力的堆疊，方能超脫於平凡。

當身、心、靈平衡時，「月貝凡」方能穩健支撐「贏」。

而這支撐的核心卻是「口」。

病從口入，禍從口出，成也口，敗也口。

於是，表達力的層次，就是贏的等級。

言如兵法足以勝萬軍，

文似醫藥足以救生命。

兩眼平行於雙耳，見聞之後一鼻息，

深思方開口，即為智慧之呈現。

「亡」為贏之頂端，非無思，非死亡。

而是忘我之「無欲則剛」。

依次順序而煉製自己，必為人生勝利組。

贏在過程，不計結果，已然大勝。

◎ 五行平衡 心想事成

Dreams come true 就是美夢成真，就是實現夢想，就是馬到成功，就是心想事成。

想你要的，
說你要的，
做你要的，
結果就會是你要的。

心想事成的程序就這麼簡單，但卻也不簡單。因為一般人都是亂想，想一些不該想的；亂說，說一些不能說的；亂做，做一些不該做的。應想、應說、應做，卻都不做，那怎麼會達成你要的結果呢？

但，你會說：「也不是我故意亂想、亂說、亂做的啊！」是的，是因為內在混亂，五行失調，錯亂了身、心、靈，於是才會有如此背道而馳的現象。

因此，我們必須給與適當的助力，而不是天馬行空的不著邊際。於是我們用大自然的力量整合成一股可以觸摸，可以嗅吸，可以隨時隨地陪伴你，在那前進目標的每一個時刻，都能讓你內心踏實，不再孤寂。

來自宇宙原始能量的訊息密碼，

整合木、火、土、金、水五行平衡的重要元素，

26 種珍貴植物精油瓶的偉大組合，

聆聽能量音樂調配的神祕配方，

當然不是囫圇吞棗的混搭在一起，

而是遵循符合古法與現今科技的奧妙程序。

貫穿身心靈的全方位平衡，

思維與寰宇正能量的和諧共振，

在舉手投足間，起心動念時，

心想事成的力量已經啟動。

我們給了這瓶精油，一個恰如其分的名字，就叫「心想事成」。

◎ 天時地利人和

成交的關鍵只有兩種，

一是他要的，你「剛好」願意給。

另一是你想給的，他「剛好」想要。

所以，「剛好」就是天時、地利、人和的恰巧，並非你的努力。

但，沒有努力，就很難「剛好」。

最後才發現「努力」就是人和的一部分。

地利必先掌握風水，風生水起好運到。在生活與事業的前行中，必先鞏固地利之便，待適當之時，方能取人和之效。

風水六元素：地形、地物、位向、格局、氣流、水流。

陽宅八方位：大門、神位、財位、文昌位、床位、浴廁位、桃花位、天醫卦位。

五特論：臥房、廚房、買房租屋、店面開運、公司開運。

藏風聚水，小方法，大改變。

用對了空間，你會感受時間的美。

找對了時間，你會填補空間的缺。

這世間永遠沒有所謂的完美無缺，而是你必須懂得拼湊那殘缺之美。

排命盤是為了掌握天時，知其命，善其用，此乃善用時間！

懂風水是為了凝聚地利，站對位置好出權，此乃活用空間！

知命善用掌時機，看準方向才出力！這就是美麗人生的精緻羅盤！

人和的主體，就從自己的內在平衡開啟。

◎ 四經

如果你要我開個心想事成的書單給你，我會給你兩個字：
「四經」。

這四經不是四書五經，而是能夠開啟你生命智慧的四部經典。
《易經》、《難經》、《內經》、《外經》。

大家都聽過《易經》，

但很少人知道《難經》。

大家都聽過《黃帝內經》，

但很少人看過《黃帝外經》。

作者是誰已不重要，

卻都是祖先留下的智慧，

千年流淌的實證，

豐盛了人生，健康了性命。

不論你是中、西醫，

不論你習不習醫，

都應終生習之。

身為華人是福報，看得懂中文是幸運，尤其是看懂了文言文更
是機緣。

古書，不看**翻譯本**，很難看懂。看了**翻譯本**，很難沒錯。這就
是文言文的美妙可愛之處，十個人可能有十種解讀。

但這四經與心想事成有何關係？

關係可大了。

《易經》64卦，闡述著天地運行的道理。《難經》深度剖析脈學、經絡、臟腑、疾病、腧穴、針法。《黃帝內經》、《黃帝外經》也都是中醫典籍，但在其中不只透澈生命的奧妙，更潛移默化了修煉心性的本質。

當你這四本書讀通了，讀透了，那麼心想事成的能力也就越來越強了。

身體就是宇宙的縮影，身不離心，心不離靈。當小宇宙可掌控了，大宇宙也就跟著共振了。

於是乎，咱們會發現真正中醫的高手，從來淡薄名利，決不會以懸壺濟世之名招搖撞騙。「真」觀己心，「修」養己身，「行」醫救苦，是謂真修行。此乃全世界「醫者」理應奉行之典範，切莫背道而馳。

◎ 美夢成真

其實「夢想」這兩個字不是很正面，因為太過虛幻。為何稱為夢想，表示朝思暮想，醒著也想，作夢也想，代表著渴望成就的事，於是稱之夢想。

但夢境經常與現實相反，就像鏡面一樣，也像實際沒有，在夢裡填補缺憾。

於是「夢想」這兩個字，應該改成渴望的理想，可以實踐的願望。既然是願望，那麼就必須是美美的，必須可以成為真實，因此不如稱為「美夢成真」。夢是假的，但是我們必須讓它變成真的。

夢是睡著的時候作，但卻必須在醒的時候落實。與其整天祈求，不如多花點時間精神在必須努力的節骨眼上。

當你真的很渴望，那麼你一定可以找到各種可能的路徑，朝你想要的目標前進。將一切描述清楚，研擬好步驟與策略，如同作戰計畫的沙盤推演一般，那麼你距離夢想已經不遙遠了。

秦始皇對每一件事都不是空想，而是具體實踐，雖然顯得殘暴，卻抹滅不了他空前的執行力。連長生不老這檔事，他都努力勇敢的試驗，雖然最後中毒身亡，卻也是另類的讚嘆。

當你奮力前行，不一定能夠得到你真正想要的結果，但你已盡了所有可能的努力，也算無愧於夢想的路途。

失敗了，也有人記得你；成功了，就不再是笑話。

時代的進步，今天我們所享有的一切，能飛、能潛、能上外太空，

對於過去而言不是瞎話，而是神話。而今我們卻可以毫無國界與距離的與全世界任何一個角落的人們「免費通話」。

　　那麼，你得相信，你的夢美麗如畫，只要你畫得出來，就能實踐成真。

　　夢想，也是力量，這個力量就叫「願力」。

◎ 最快速、最簡單的決策學

這世界上有很多事情在執行之前沒有方向，於是很多人求助於看不到的力量，例如西方的占卜，中國的《易經》。而由《易經》衍生出來的決策系統，包含八字學、紫微斗數、奇門遁甲。

但所有的決策學都有其入門與深入的難易區別，也有其所必須事先準備的參考資訊，一旦資訊錯誤，決策就會失誤。

而生命靈數堪稱人類史上最簡單最快速的決策學。因為他需要的不是精準的出生年月日時，而是只需要清晰平常所最常運用的生日。生日對與不對也沒關係，而是你究竟使用這個生日多久了。

數字在人們的靈魂裡，從你開始有意識想要決策什麼的年齡時，那麼這些數字已經與你醞釀了很久的情感，產生了很多的共振，於是彼此牽動著時空的變化。

有時是你影響了數字，有時是數字左右了你的決定，在那當下已經分不清是誰改變了誰。

你可以用幾秒鐘的時間判斷新朋友的個性與狀態，決定與他應對進退的模式，甚至還能夠給他清晰的建議。這在過去太被抽象化，而我們卻能夠用一張紙、一枝筆，**就能讓原本陌生的人，瞬間拉近了距離。**

◎ 言武門雙數

天下第一神數是「紫微斗數」，創始於五代末宋初陳摶老祖（希夷先生，西元 871 ～ 989 年），結合陰陽五行學說與占星術，依照古代數學「象數」，古代天文學「天象」、「周易」。

將 115 顆星宿分佈於 12 個宮位「命、兄、夫、子、財、疾、遷、交、事、田、福、父」，形成命盤。

可探究人之因果、福報、性格、特質、財富、事業、田宅、內外、疾病，以及六親「父母、兄弟、夫妻、兒女、朋友」之一切，更可知其時間而衍生的運勢變化「大限、小限、流年、流月、流日」，一目瞭然。

與四柱並列為道家命學兩大主流，又有南北兩派分庭抗禮，各以三合與四化為主軸。

言武門紫微斗數則綜合各家之長，並納入生命靈數之精髓，以及文化傳承思維之邏輯獨樹一格，易於理解與傳承，精準之程度堪稱無出其右。

習言武門紫微斗數，即可推演生命之藍圖，知時間脈絡之走向，方可事半而功倍，不再虛度錙銖、耗費精華。

人生如農場，耕耘必有方。
命運如沙場，征戰避死傷。

太過感性就難有理性，
著實理性方能真感性，

理性與感性的交融，
便是靈性與思維的平衡。

莫言一切靠自己，
但盡已然之氣力，
能撐劫空之唏噓，
方有輔弼助兩翼。

◎ 言武門生命靈數

從出生的年月日即可探知你的一切，

這是希臘哲學數學家所緣起的數字哲學。

經過了兩千多年的流傳與驗證，

我們找到了科學與生命之間的關係。

呼應星座的精彩，強化了數字的力量，原來每一個在生命中出現的數字，

影響著我們的性格、習慣、興趣、優點、缺憾，甚至可以預知我們每一個時期的狀態。

學會了這門學問，就是學會了掌握自己的現在與未來。

更是學會了人際關係的提升與客戶互動的吸引力。

與眾不同的獨家優勢：

1. 象形邏輯，系統故事，影像記憶。

2. 特殊教學，不必抄筆記，卻難以忘記。

3. 完整傳承，一日速成，師資班三日結業。

4. 幽默、生動、互動、清楚、簡潔、好記。

5. 精準度 100％。

6. 數字、星座、血型同步判診。

7. 流年、流月、流日瞬間解析。

8. 立馬知悉自己與對方的各種狀態。

9. 業務成交的致勝祕技。

10. 讓你知道怎麼了、為什麼、怎麼辦。

◎ 言武門紫微斗數

這可以是你決戰人生的祕密武器，

更可以是你開創新局的生財利器。

絕無僅有的與眾不同：

1. 透過八字的迅速排盤技巧。

2. 12 宮位的影像邏輯，閉目張眼命盤開。

3. 115 顆星曜的潛意識獨特記憶，永不忘。

4. 流年，流月運勢的全方位精湛正確解析。

5. 扭轉乾坤正面思考與物質能量的順勢而為。

6. 只要三天，完整傳承，再添一傳奇。

7. 在言武門命理已是科學，知命善用掌時機。

當紫微斗數遇上生命靈數，

一切都不再是祕密。

言武門生命靈數，

已然通透了西方的文字與數字哲學，

解碼了宇宙訊息的軌跡。

言武門紫微斗數，

更是穿越了命理玄學的艱澀深奧，

一目了然生命的起跑線、轉折點，與衝刺的方向。

知命善運掌時機，

站對位置少費力。

有緣方得知悉，

傳承務必珍惜。

中原自古以來，所有成功的宰相、軍師、軍事家、政治家、哲學家、人生導師，無不習五術之運用「山、醫、命、相、卜」。

最有名的姜子牙、張良、諸葛亮、劉伯溫皆然。

宋後以《易經》為起源之紫微斗數、奇門遁甲，更是建功立業出奇制勝的關鍵功夫。不為蒼生也為己，不得天下也善終。

言武門雙數，就是紫微斗數與生命靈數。「知其定數，轉其變數」，前進的方向一定要心裡有數。

◎ 言武門姓名學

現在的華人姓名學千奇百怪，卻也有脈絡可循。最普及的數字姓名，是由日本人整理歸納而推廣，回傳中土，在數十年來的中文姓名學裡已為主流。

但中華文化之深遠浩瀚，確實也不是外族所能真正一窺究竟。

姓名之所以重要，如同分靈以入名，書其文字，呼其聲音，共振其魂魄。

姓者，祖先之傳承，名者，扶植之期許。撰寫之際，鬼神皆知；呼喚之時，萬物皆聞，於是姓名豈能胡亂取之。

應從數字、八字、五行、文字學，

完整雕塑一個恰如其分的名字。

筆畫應以繁體論之，此乃兩千年不斷運用之能量蓄積。

姓名學裡擁有很多迷失，

並非完美的數字就是完美的名字，

誤會將是悲劇的開始。

一名之起，聚氣之始，不可不慎。

小兒、寵物、藝名、中文名、公司行號名、品牌名、各種語言的名字。

關鍵重點都在「形、音、義」，切莫偏好於一角，而晃蕩了本質。

在大自然的原理中，名字也是「頻率」。

於是言武門姓名學，集千古之智，凝當代之思，因應時空之變化，符合實際之需求，打造一個完全呼應期許的「波長」。

願望應有其名，思緒必有標的，

有名可呼，標的可應。

給每一個心想事成的「事」，好好起一個名字。你叫它，它也會回應你。

◎ 言武門一掌覺

六道輪迴存軌跡，

十二地支皆有痕，

推因知果一掌覺，

笑談前世話今生。

緣起達摩祖師的智慧傳承，

貴厄權破奸文福驛孤刃藝壽，

12 個字的排列組合，

在文化蘊藏的底層中，

撥開孟婆的神祕湯頭，

在那如戲般生命漩渦中，

追溯那前四世的劇本，

就靠左手掌屈指即可。

為何需要傳承這樣禪宗不外傳的功夫？就是要告訴大家，因果循環永遠在那質能不滅的規則中翻騰。生生世世如同水的三相「固、液、氣」，時而天上雲朵，時而海上浪花，時而冰山沉浮，時而雪舞綻放，卻不曾真正記得自己想要前往的方向。

懵懵懂懂的生，迷迷糊糊的長大，好不容易理解了些許，卻也又要老了、死了，又忘了。

今生有緣得遇此功夫，不妨習之隨緣助，不必前世回溯亂了今生，卻也可以開啟智慧，「翻閱你的原來」。

◎ 調香

「調香」乃高端藝術，修煉之功夫。

「調」為言行之周全，流暢之音律。

「香」為萬物之芬芳，稻荷之清雅。

萬物皆有陰陽，皆有習性，

集其豐盈以補不足，

揭其塵封而綻典藏。

平衡而不突兀，融合卻顯層次。

調天地之氣，釀古今之香，

凝其魂，聚其魄，

穿越時空，齊心念，振思緒，共迴盪。

以調香之道，修其身心，提升有緣者之靈性，謂之「調香師」。

烹飪要先在腦袋裡煮過一次，

作曲要先在心海裡排列組合，

調香要先在靈魂裡融合嗅吸。

烹飪作曲調香都一樣，

豈是紙上談兵的表象。

言武門香道「靈性專業調香師」就是為了導正市場之亂象，讓所有學習的調香師不再只是道聽塗說的盲目跟進，更不要以訛傳訛的迷惑世人，誤己誤人。

超越香水調香的功夫，超越芳香療法師的專業底蘊，將真正專

業的化學、生物學、生物化學、物理學、生理學、中醫經絡、脈學、山醫命相卜之根本精神深度融合於其中。

由此真正的實戰科學與哲學為基底之後，才能談及香水即為一門藝術。

調香師課程中會完整教育：

1. 植物精油香的正確專業知識。

2. 配方正確原理。

3. 調香正確程序。

4. 原物料的正確選擇。

5. 時間空間物質能量心念頻率的正確整合。

6. 不立文字，正宗師承，入門傳授。

7. 密訓正確精準實戰運用。

8. 透澈理解看似一樣的完全不一樣。

在過去香水的世界裡，水與酒精都是必然，爾後化學香精也變成了理所當然。在言武門香道裡，不再有這些，甚至也不再有固態，只有在那液態與氣態之間的「臨界態」。

◎ 孫子兵法

《孫子兵法》只有十三篇,與《道德經》一樣,約五千字。卻從春秋戰國流傳至今,這兩千五百年的影響力著實震撼。但大家都知道這是兵書,是權謀戰勝之道,卻不知這根本的精神就是「心想事成」。

不戰而能屈人之兵,不血刃而大事可成,這不是心想事成,不然是什麼?

許宏茹素至今近 30 載,很多人都愛問為什麼。其實哪那麼多為什麼,就是不想吃肉了。這個部分在本書我不想要有太多有關殺不殺生的論述,但是確實素食者心想事成的效應會比較大。這如果是 30 年前,我不敢說;30 年後的今天,我已經有太多太多的實際案例印證於我的歷史。我感恩。

素食的緣起,當然與佛教有關,但讓那般無肉不歡的血性青年,能夠下定決心全素的動力卻不是佛經,而是《孫子兵法》。

袁紹在關渡之戰後吐血身亡時,喊了一句:「蒼天助曹不助袁。」

孔明六出岐山北伐後,仍舊無法滅掉司馬懿,一場必勝的大火卻逢意外一場雨,以其神算也無法扭轉天意之安排,一樣喊了一句:「蒼天助曹不助漢。」病死於歸途。

萬物在定數中有其變數,在變數中卻又有其定數。我們只能做自己能做、該做、應做的,其他的還是在那句「盡人事,聽天命」。

讀透《孫子兵法》,你會更明白,「**所謂的心想事成,那是釀己可成之勢,謀取心想之事,自助天助**」。

◎ 逆向操作，異軍突起

本來就期待的，我們稱白馬。

出乎意料的，我們稱黑馬。

管他黑馬、白馬，我們要當自己目標的赤兔馬。

別把流行當真相，

因為那只是暫時的亂象。

別把時尚掛嘴上，

因為那足以展露你空洞的心房。

別人都在做的，那麼跟著做，最後都是泡沫與灰燼。想要出類拔萃必然得殺紅了眼，才能闖出一條血路。

於是跟隨流行，追求時尚，並非行為高尚，而是刷著空虛的存在感。

異軍突起不是標新立異，而是已然發現那些尚未被瞧見的敵虛關鍵。

當大家都在創新、講究科技之際，此刻的方向反而必須往復古的根源著手。

但復古不該是另一種行銷、另一種炒作，而是真正把古智慧、古文明、古文化遺漏於時間軌道上的殘磚破瓦一一拾起，重新堆砌。

不是矯情仿古，而是在那智慧的化石裡再度提取那尚未沉睡的DNA。

當大地已被玷污，你還希望她能再長出什麼健康的植物？

當海洋已被原油與垃圾所充斥，你還奢求能在洋流中發現什

麼驚喜？

當空氣裡都是人們自作聰明的廢氣，你還夢想什麼原始自然的呼吸？

化學香精，是愚蠢的產物。那足以讓人類喪失天賦的嗅覺記憶，混淆了味覺的判斷力。

你可知道？萬物都有味道，不盡然是化為氣體分子的刺激，而是在那恰似沒有味道的濃郁裡，都能展現的特有氣息。

遠離化學的氛圍，才能重擁大自然的芬芳，在那緊閉雙眼之際，探索自己。

◎ 善用一切資源

心想事成，不是空想。在你前進的過程，你要懂得善用資源，而且是一切你想像得到的資源，而不是只用蠻力、傻勁，然後在那尚未達成目的的過程中就輕易放棄。

放棄，如果是那麼輕易，那麼拜託你一件事，「從今以後別再談夢想」，因為所有認真在追求夢想的人，他們都知道「夢想之所以是夢想，就是並不容易」。但追夢人更清楚有一種東西遠比夢想更困難，那就是放棄。

不到斷氣，永不放棄。

這一句應該是夢想家們一定要牢記的心念。

很多人在放棄的時候，都會說：「我已經盡力了。」然後，旁邊的人就會回應：「那就放輕鬆、放自在，反正盡力就好，你已經沒有遺憾了。」

天啊！這是什麼無腦的對話。盡力，是你必須將所有你可以想到的方法，可以運用的人事物，可以善用的資源都借來用用，包含請求幫助。不然你為何拜拜？為何禱告？

人都還沒求完，求什麼神？

常常事過境遷後，才又再說早知道你就會如何如何。那麼請你做一件事，對你的夢想列一個清單，盤點你所有的資源，這絕對比你長篇大論的計畫更有意義。

◎ 識人之術

找對人做對事，是成敗的關鍵。識人不清，是所有領導者的大忌。識人、用人，果真是大學問。以貌取人看似錯了，其實是對的，只是這個貌是「內外通透的全然之貌」，而非只是好不好看的相貌。

自古，所有的軍師都具備完整的識人之術，這不是只是看相，而是在那互動間抽絲剝繭的細膩。把對的人放在對的位置，就是團隊真正的根本戰力。此部分，在諸葛亮的調兵遣將中就能看出完美的端倪。

培養，巧遇，那多麼耗時費力。劉、關、張的桃園三結義，之所以成為千古美傳，乃因彼此知悉那強者凝聚的爆發力，百萬中選其一，而非濫竽充數的浪費情誼。

當然，真心、真情也得彼此願意，否則最後就又是如同韓信、蕭何的結局。狡兔死良弓藏，那是大勢已定的另一種不安全感，很多帝王之心皆如此。

孫武之所以參訪古戰場，就是為了研究實戰兵法，解救蒼生於水火。卻在為吳王夫差打下半邊江山後才知，跟錯了主子。

范蠡為勾踐獻計輔佐，臥薪嚐膽，屈辱嚐糞，十年生計，十年教訓，當把夫差打敗了之後，才知勾踐鳥頸黑唇，只可共患難，不可共享福。

還好，孫武與范蠡都有張良之智，急流勇退，方免於殺身之禍。

曾國藩在這方面的造詣堪稱一流，也留下了可以深度拜讀的經典著作《冰鑑》。

　　識人之術，非常重要，重要非常。結交朋友，尋覓夥伴，挑選伴侶，良禽擇木，免得誤會一場。

　　很多人只能交於皮表，來往於利益，深交不能只有憑感覺，因為沒有基礎能力的判斷，盡是錯覺。

◎ 渴望

渴望當然表示需要，可能是生理的，也可能是心理的。渴望必然會有目標，只是目標千萬不要太多，免得亂槍打鳥。

渴望不是壞事，因為在渴望之際反而容易激起戰鬥力。當酒足飯飽之際，溫飽思淫慾，那可不是浩然正氣。

我們看過很多窮孩子變富翁的例子，在咱們的身邊可能就已經不勝枚舉。這是一種因為窮困而激起的鬥志，一種不甘心被踐踏而崛起的勇氣，最重要的是那股執行力。

有人因為渴望而怨天尤人，覺得老天不公平，然後想走捷徑，於是動了歪腦筋，做了不該做的事，鋃鐺入獄。有人因為渴望而翻轉自己，因為那股志氣，造就了不一樣的結局。

這就是渴望奮戰時的臨界點，而這臨界點就只因為一個觀念與習慣改變了一切。

渴望是好事，只是接下來你要做什麼事，才是重點。

◎ 痛風與中風

1997 年大年初三，一早睡醒下床，右腳著地，刺痛難忍，無法行動。我在想是昨夜做夢打架踢牆壁嗎？媽媽卻告訴我可能是「痛風」，我說怎麼可能，我還沒 30 歲呢！

看了醫生，醫生說應該是痛風，給了一堆藥，交代一堆東西不能吃。然後隔天，我左手無力無法舉起，我找醫生理論，醫生緊張得翻《藥典》給我看，說明他開的藥應該沒有這種風險，但還是換了藥。慢慢的一週後舒緩了。

爾後每隔一段時間就會發作一次，即使醫生說的我都沒吃，也是一樣。這一刻我橫下了心，用自己的方法，也不忌口了。因為，對一個素食者而言，豆類、堅果類是主要蛋白質營養的來源，卻都不能吃，身體怎麼受得了。我開始到藥廠上班，擔任訓練講師，希望在實戰經驗中找到真正的答案。

十年之後，我的痛風就很少發作了，也能夠給與同病相憐的人正確的建議，免得被這些錯誤的治療方式給誤導。

2007 年無意間發現自己的血壓在沒有運動時可以到達 180，運動後可以超過 200。藥廠的老長官告訴我，不要開玩笑，講了一票故事，恐嚇到我了。建議我詳細檢查，但是心臟科醫生卻是告訴我，這主要的原因可能是遺傳。但是實際上，我的長輩們都沒有這種怪異的現象。

10 年的血壓，180 不是身高，而是稀鬆平常的血壓。長期配合吃藥並沒有下來，偶爾到達 160。

2017 年 5 月 23 日清晨在北京中風，全身右半邊麻痺，剛好以

任督二脈為中心，切成一半。經過兩位中醫師急救，隔天就飛回臺北了。5 月 25 日在慈濟醫院掛急診，打了降壓針，血壓依舊235，電腦斷層看不出所以然來的。

很辛苦的努力，至少三次瀕臨死亡的感受，血壓卻依舊難以平衡。經過了一年的努力，漸獲成效。

已經超過一個月的確切記錄，收縮壓維持在 140 上下，這樣的完美結果完全透過正確的經絡穴道理療與輔助材料當工具，還有同仁專業的操作。

讓我們對於大自然與天地正氣之運行更加的敬畏，更對中華文化之博大精深為之讚嘆，於是更加篤定言武門努力傳承的方向。

只要還沒斷氣，隨時都有奇蹟。

2018 年的今天，我在想，痛風、高血壓、中風，都是令人痛苦的恐懼。而老天讓我遇見，一來可能警告，二來可能磨練，希望我能在這樣的方向找尋因應之道，以利蒼生。

◎ 感動

得人心者得天意，得天意者得天下。蒼天助誰，誰就得勢。然而如何得天助呢？

蒼生乃蒼天所生，大地所養。利蒼生，乃順天意。汝之心即天心，蒼天不助你，助誰呢？

於是盡人事聽天命，是為真正智慧之行。

當你所做的事能夠感動很多人，那麼連萬物都有感，天地豈會無感？**當你的所做所為都能感動自己了，那麼誰能不感動？**

在我們許願的過程中，請先問問自己，此願為誰而許？若為蒼生，天必幫你。若是為自己，那麼問問你是誰？問問你配嗎？

◎ 該與不該

該做什麼的時候就做什麼，

什麼角色就什麼思維，才是隨緣。

對任何人事物都負責到底，才是惜緣。

別轉傳自己都看不懂的文字，

別轉述自己都不明白的道理。

飄在天空上的語言別說，

踏不到土地的觀念別想。

真相不曾抽象，每一種領悟都在現象裡。

什麼狀態就說什麼話，字字句句就都會有力道，不再是無腦的胡說八道。

還沒成佛，別言佛說。

還不是神，不說神話。

尚未變鬼，莫鬼話連篇。

既然是人，就說人話，豈能滿嘴禽獸不如的話。

該為亥時之言，此刻昏天暗地，目不見日，天卻不曾離去。

亥為天暗之時，眾物休憩之際，經脈流於三焦，上焦、中焦、下焦，佔於胸腹，穿於五臟，是為氣血津液內分泌，暢行則生，淤堵則病。

故，該為所應思應為之自然，逆其道而行即為不該。不欺暗室，是謂光明。

該為而為，即順。不該為而不為，吉昌。該與不該皆自然，方為內外通透之身心靈，心想之事易成。

◎ 福禍

福兮，禍伏矣；禍兮，福伏矣。

雙喜臨門不多見，禍不單行常耳聞。

囂張沒有落魄的久。

這些都是我們常聽到的流行語。

所以好運來時，更要謹言慎行，只能喜悅三分鐘。

厄運來時，更要沉著面對，並且細密找尋這過程衍生的現象，真正的機會都在此刻出現。

心想事成，不是空穴來風，而是你專注的決心究竟有多少。一次的目標太多，渴望的事情超越了你的能力所能承受，那麼結局即使到手，也非常容易曇花一現。

就像富不過三代的常態，帝王之家榮耀百年也不多。因亂而變，因變而治，因治而又亂。歷史總是如此重演，才會一直改朝換代。

當好運來時，要問自己夠格嗎？何德何能？配這個好運嗎？

壞運到了，反而不必仰天長嘯，不要問天，不必問神。而是默默承受，因為只有兩個原因，一個是老天給的磨練，一個是報應。既然是磨練，請謝天給的機會；既然是報應，該償還的本來就得償還。

心想事成，不是教你貪婪，不是教你異想天開，不是要你去想一些天方夜譚，而是更懂為人處事，更懂天地運行的自然。

否極泰來，談何容易。否隨泰至，才是真相。請去瞧瞧泰卦與否卦的順序就能明白。

◎ 學習力

當你覺得能力匱乏、知識貧瘠的時刻，通常都已經是來不及的階段。

未雨綢繆不只是指存糧與財富，更是日常不止的「學習」。

很多人都想要學習特殊的能力，有如哈利波特的魔法一般。好學的人說「學無止境」，急功近利的人都想要抄捷徑。

其實人需要的不是捷徑，而是借鏡；人需要的不是天賦的才華，而是從無到有，又無所不在的學習能力。

物質的擁有，

都是短暫的現象，

編織著虛飄的安全感，

包含外貌與金錢。

唯獨能力方顯踏實，

卻也同樣得面對無常，

穿梭於因果的業力。

於是我們發現，

善用資源練就能力，

運用能力建構正向的業力，

才能恆常於無常中安然。

而這能力哪來？就是學習。

◎ 隨時激勵

人在天地間生存著，這個身子必然必須順應日月星辰之運轉而調養生息。過去還沒有電燈的時代，日出而作，日落而息，乃是常態。

身體會累，身體會髒，身體會有各種問題，發生在每一天。然而心靈卻是如同身體的電力一般，會沒電，會疲乏，會過旺，會短路。既然是電，那麼也得隨時充電，才能有續航力。

心情不好就是 EQ 不好。而 EQ 很好也不是裝模作樣的壓抑，該沉澱就沉澱，該抒發就抒發，該宣洩就宣洩。但你得學會激勵，激勵人事物，更要激勵自己。

能夠面對失敗，挫折的人，才真的有比較高的成功率。激勵是本事，是功夫，也是習慣。心想要事成，那麼要先接受「心想事未成」，不能說心想事不成，因為只要你有決心、耐性，那麼成只是時間的問題而已。

人類因夢想而偉大，而每一個夢想的開花結果，都是用無盡的泡沫去堆砌。但泡沫也很美，尤其是光線照耀折射反射交替之時。享受破滅的瞬間，也是一種燦爛。

夢想若是泡沫，那麼破了再吹一個就好。

美夢成真當然好，但是多少人在成了之後，卻也悵然若失。你要練就的是築夢踏實的能力，接受夢醒的勇氣。睡著了，多夢、亂夢很累，但也是一種享受。

醒了，有時是一種睡著了。

睡了，有時是另一種醒了。

　　醒與睡之間，也是一種美麗的臨界點。有著豁達的心念，那麼美夢隨時重現。激勵自己，有時比心想事成更重要。因為你可以想點更有趣更偉大的事。

　　在那披星戴月的奮鬥中，享受激勵自己的樂趣，每一種狀態，都是天地給與的福利。

◎ 幫助的力量

幫助的英文是 HELP，Help = 8537 = 23 = 5。

從後面來看，幫助就是 5，就是一種勇敢的行為，這個大家都懂。然而你卻不知道，幫助的偉大就是「改變自己」。

幫助改變自己的心情，因為「助人為快樂之本」絕對不是空穴來風。在幫助的過程中會有一種成就感、踏實感，不只是存在感。

幫助改變自己的命運，因為助人者人恆助之，你開始會凝聚人氣，你開始會建構影響力，你開始會讓人想要靠近你。

幫助改變了這兩件事情，已經不得了了，夠了。因為這兩件足以改變一切。所以幫助，看似幫助了別人，其實是幫助了自己。切記。

在幫助 Help = 8537 本質上就是 8 + 357，而 8 就是執行力，357 就是人際關係。於是我們已經明白，幫助就是在擴展自己的人際關係，在所謂人脈就是錢脈的理論上，幫助就是一把金鑰匙。沒有執行，只是想想，那就根本毫無意義。就像很多人說：「善心比較重要。」

錯了，應該說：「**善心很重要，但善行更重要。**」不要只是把善當口號，善的同義詞就是幫助。

幫，有聚眾之義，於是幫會組織也是從凝聚勢力的思維上開始。幫不只是無意義的聚集，而「且」還得出「力」，這才是「助」。幫助幫助在歷史的改朝換代，扭轉乾坤都存在著實質上的軌跡。

不論從中文、從英文來看，幫助，就是天地間影響最大的凝聚力。而這個幫助 Help，就是心想事成方程式的 Advance 之同分異構物，完完整整的同義詞。

因為 Help = Advance = 5
心想事成的鑰匙。

◎ 許願

許，言於午時，日正當中，極陽之際，光天化日之言。不能有一絲絲欺瞞，不能有一點點忤逆，不能背明投暗。連自己都不相信，連自己都茫然，豈能許之。

許願，必先許諾，尚未達到目標，也必須先說明在那事前、事間、事後三階段，你會做些什麼。

既然許諾了，必若其言而行，否則即是背信棄義。背離了正道，豈能有正面之反饋？言出必行乃許願的第一個基本步驟。

願為原來心田書寫的那個頁面，若違心而言，背心而行，豈可能如願？

許願，是古往今來人類之本能，有人稱祈求，有人稱禱告。都是希望看不見的力量能夠幫助自己完成自己的願望。然而這不也是一種乞討？只是乞討的對象是內心所相信的力量，神祕的力量，看不見的力量。

人們把自己看得太重要，所謂的天神、上帝，為何有那個必要幫助你？為何必須助你度過難關？

常有人自稱天之驕子。

天啊！那可就是天子呢！

否則，非親非故，何必幫你？除非你能向天地證明「因為你值得」。

但當你可行幫助之時，你卻如同做了什麼大恩惠，慳吝到一個極致，尖酸刻薄到一個閃到腰。那麼在你需要之時，你的乞討必遭白眼，懶得理你。

許願，不難。心想事成，很簡單。

但，先問問自己，寰宇為何必須幫助你？

許願之前先問問自己，你做過什麼？你願意做什麼？達成目標後你又會做什麼？

不是拿著供品來交換，不是拿著諾言來胡扯。海誓山盟請少說，因為做不到的時候會很慘。

你只能務實的說說你想要的，然後全力以赴做著你想做的，懇請上蒼助你一臂之力，讓你的存在更能延伸意義，那麼許願很難不如願。

◎ 標準程序

凡事都有順序，依序而行，就會減少困惑、阻礙，免得浪費太多無意義的時間與精神。

就像煮菜，先學材料的特質「包含主食材與配料」，工具的運用「包含火候的控制」，然後小量的試驗「包含口感味覺的品嚐」，反覆斟酌之後方能放大處理。慢慢的敏感度就會增加了，精準度也能信手拈來。

心想事成這檔事，當然也必須練習，不要連觀念都錯了。以為是吸引力，其實是共振。以為要下訂單，其實是許願般的交換。

標準程序：

1. 看三次《成就渴望的臨界點》，熟悉「心想事成方程式」。

2. 建立正確的心態，明白大自然的因果定律。

3. 盤點自己的資源，養成幫助別人的習慣。

4. 設定「一項」小目標，研擬計畫，給自己可以相信的完成時間。

5. 向上蒼稟報你的計畫，請求協助。

6. 全力以赴，隨時修正，直到完成。

7. 不論達成率有多少，都要感恩天地萬物的幫忙。

8. 繼續做幫助別人的事，累積你的資源與能量。

9. 繼續下一個目標，慢慢加大目標，專注每一次。周而復始，進入正循環。

◎ 臨界點

「臨界點」是個物理學的名詞，你也應該聽過「超臨界流體」吧！那是介於氣體與液體間的一種超然狀態，最重要的是它能「流動」。於是最廣泛被運用在工業上的，就是二氧化碳的「超臨界流體萃取」。

這讓我想到的不是科學的驚嘆，而是在人性思維裡的哲學意涵。

臨界點，很容易理解是在一種邊緣狀態。就像社會邊緣人，可以為惡走歪路，也可以為善步正軌，一切都只是在那一念之間的選擇。

有人說「人在江湖身不由己」，試問在這社會裡，「誰不在江湖」？

只是你給的是什麼樣的抉擇？

難，當然難，但又有什麼事不難？

政治人物不也常在臨界點嗎？醫生、警察、老師，不也總是在使命與環境現實中左右為難嗎？

但，我們要思考當初踏上這條路的起心動念，就像你們常說的「莫忘初衷」，但大部分的人，連「大學」都忘了，怎麼會記得「初中」呢？

然而有一種選擇，就是中庸之道的智慧，就是面對臨界點的超然，依舊前行，依舊不偏離本心，依舊為所應為，依舊達成使命。

如同「超臨界流體」的萃取技術，達成了目的，卻又沒有造成大自然的負擔。

◎ 沒有一句廢話

說到做到，是那麼的重要。說了不做，為何說？做了之後，不一定要說。說是對誰說？是別人還是天地？其實最重要的是「對自己說」。

機會給你了，你說「慢一點」。

你急需機會了，機會卻說「晚了點」。

槍要持續磨，才會亮。

話要持續說，才順暢。

舞臺站久了，自然不緊張。

怯場、冷場、笑場，都只是因為忘了捧你自己的場。

生死關頭，

就沒有所謂的丟不丟臉。

在那關鍵時刻，

不要臉，沒人會說你錯。

但是可以活得好好的時候，

也別犯賤自己打臉。

生命只要不死，都有生存的能力。

所謂環境惡劣，難以生存，意思只是不習慣原本的舒適，不習慣改變原本的謀生模式。

陽光、空氣、水，只要不消失，你一定可以活下來，只是「換個方式」。

當人們給你「方便」，

你卻「隨便」了，

那麼你所累積的就是未來的「不便」。

「禮」上站不住，

「理」下說不出。

「理」內不饒人，

「裡」外不是人。

禮、理、裡皆扎實，

三里之外也得敬三分。

你總忙著解釋自己的錯，

然後用著名人所說的言語，合理化自己的懦弱。

他們所說，是他們的感受，

與你不曾有過交集，

在人、事、時、地、物的五種元素裡，

沒有你能用的湯頭。

何不坦承自己的錯，才是釋放了自己的枷鎖。錯就是錯。

我願意聽你解釋，

但也得你給我聽的機會。

我願意原諒你的錯誤，

但也得你給我原諒的機會。

機會不一定是強予弱的釋放，

有時只是一種真誠的面對。

這一篇是用幾篇小短文組合而成，但沒有一句廢話。沒一句看似沒有關係，卻又脫離不了關係。

就像生命中所有的經歷，沒有任何一段，能夠白活。

◎ 心想事成的真相

心想事成是人類的本能。

心想事成是人類的本能。

心想事成是人類的本能。

這是腦袋思考時就會產生的波長與頻率。因為很重要，所以寫三次。

頻率引發共振，波長於是傳動。既然是波，那麼就會有其放射、反射、交疊與消長。而這樣的現象，用光電效應，量子力學來看待，就會有比較清晰的理解。

既然是本能，那為什麼我們不知道？就像吃飯、睡覺、遊戲、性行為、喜怒哀樂，不需要任何人教，都會有其自然的反應。更像呼吸與心跳脈搏，心想事成本來就是生命中的一個部分。

心想事成，為何好事不易成，壞事容易成？

因為好事，你沒信心，沒信心就會阻礙波動的前進，產生了抵制的力量。壞事你恐懼，恐懼就更加強了波動的力道，於是你害怕的事情就更容易發生。

心想事成，如果你沒有信心，那麼波動的方向也容易偏移，頻率也就會忽大忽小的跳動，同頻共振的效應就時有時無，於是就產生不了真正精準的共振。

任何一種思維與情緒都會產生頻率，唯有平靜的相信，才能精準的共振。不是歡天喜地，也不是愁雲慘霧，就是平靜的相信，靜心的覺知。

於是我們發現，心想事成很重要的心念就是「平常心」。

II. 穿越臨界點
──不到斷氣，絕不放棄

不要永遠都在渴望
不要永遠卡在臨界點
不要在進退維谷的泥沼中深陷
那就在關鍵的界線
全力以赴 奮戰穿越

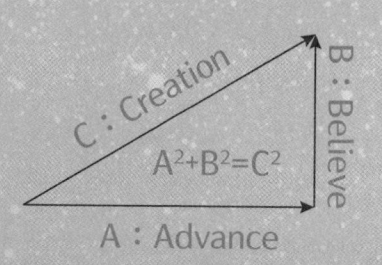

◎ 開啟幸福的鑰匙

文／王國至

　　過去臺北最容易淹水的地方「社子島」就是我的出生地，兩歲我就搬到士林，成為道地的凡士林，平凡的士林人。

　　雖說平凡，但父母對兒女的期許總是非凡，甚至超凡。於是給了我王者天下的期許，誠盼我為國之棟梁，卻也止於至善。在起名的字裡行間，不難窺見父親的渴望。

　　這樣的念力設定，也只有在藝術家的思維裡能夠建構。爸媽都是藝術家，母親是婚紗禮服的裁縫師，為人編織幸福的霓裳。父親是雕刻師，專為珠寶刻畫那共振靈性的模樣。在那光采奪目的視覺藝術中，卻是原始自然的美感。

　　在父親的眼中，寶石不是物質，而是能量。寶石不只是財富，更是希望。寶石是寰宇修煉的舍利，是菩薩慈悲的祝福，更是眾神凝聚的元氣，在那不經意的角落，等待與你相遇的璀璨。

　　畢達哥拉斯說：「沒有任何一個數字，會莫名其妙的來到你的生命。」

　　當然，**不會有任何一個寶石會無緣無故的來到你身旁。**

　　相逢必是有緣，而這良緣的聚集，卻待擁有者的珍惜。

　　你憤怒，你哀傷，你絕望，寶石與你相伴，撫慰你的失落，填滿你的缺口。

　　你喜悅，你雀躍，你勇敢，寶石陪你奮戰，為你放光芒。就像你義結金蘭的夥伴，共榮共辱，共生共存。

　　父親對寶石的熱愛，早已超越凡人所想，父親對孩兒的期許，

三十而立不敢忘。只是孩兒用著自己的方式，千迴百轉，費盡思量，在物理的科學與哲學中鑽研，在那條條道路通羅馬的豁達中，縷出了一條思緒，符合了處女座，一號人，456 全缺的吹毛求疵。

所為的一切，就是您等待已久的冀望，我正在摩拳擦掌的接棒，保證不讓您失望。

這一切的準備工作，都是天地冥冥中的安排，因為我必須先認識自己，才能認識寶石。我必須駕馭自己，才能領導寶石。因為對我而言，寶石是我，我也是寶石。此刻，我已然找到了自己的光譜，了然於心，共振一切。

別期待在怒火中能堆疊智慧，
如同別在熔岩裡找尋鑽石。

鑽石即使跟隨噴發，還沒融掉，已經燃燒殆盡。
舍利子是燃燒後的結晶，不是灰燼。
如同生命的智慧，不會隨著肉體的消失而幻滅。
我是精通物理學的寶石專家王國至，寶石是寶不是石，寶石是生命能量的火種，更是開啟幸福的鑰匙。

◎ 機械的靈魂

文 / 王國至

　　一直以來，學生時代的我並不是愛讀書的孩子，但我從高中開始都是在電機的路上琢磨，一路到研究所碩士畢業，電機與我已經產生了非常濃郁的感情。

　　在室內配線與高壓電配盤的設計與實務操作中，我深刻體悟了建築物的方便與靈活性，全然掌控於電路的實體化。這樣的學問看似平常，卻也是空間與物件的靈魂。電通了，一切都活了；電斷了，一切就是死了。

　　有人問我機械與電機的差異在哪裡？電機是否比較偉大？

　　我回答：

　　機械是骨架，是肉體，是各種單位局部細膩的環環相扣，如同生命的細胞組織器官各司其職。

　　電機是心臟，是大腦，是靈魂，是神經血管的血脈相連。沒了電，就是模型，就是蠟像，就是標本。

　　在電機的王國裡，我有著很多的至理名言，不容小覷。

　　電流是付出者收穫的代表，因為電流是電子流動的逆向，沒有電子流就沒有電流，如同沒有付出就不會有收穫。

　　電壓如同水壓，沒有高度，沒有強力的付出，到達不了想要的標的。

　　電阻如同生命的阻礙，卻是穩健生命前行安然的成長。

　　電容如同銀行，若沒有未雨綢繆的思維準備，生命隨時都是危機。

從電壓、電阻、電容到電流，我們不難發現，電就像是生命的精神血液與靈魂。室內配線的恰到好處，高壓電配盤的巧妙到位，才能有著健康的生命。

就像一部超跑，有著再先進的配備，即使電瓶、發電機都沒有問題，電路管線出現了差錯，隨時車子都會掛點，再高級的絢爛都毫無意義。

那麼，你若問我：「電機的靈魂又是什麼？」我會說：「電機的靈魂就是電路圖。」如同生命前進的藍圖，如同生命奮鬥的目標，如同紫微斗數的命盤，如同生命靈數的能量盤，如同屈指可算的達摩一掌覺，如同掌握在您我手裡的命運，不離因果。

電不是物質，但物質可以變成電。

電是能量，但電不只是能量。

生命裡的電，就是「念力」。

念力是信息，

信息流竄於能量與物質之間，

物質是能量震盪的註記，

能量是物質在速度變化中具體，

物質與能量本就是一體。

捕捉宇宙的信息，是福報。

傳遞與散播信息，是智慧。

收放之間，皆須過濾，這就是戒律。

◎ 液態氮

文 / 王國至

在清華大學跟隨戴明鳳教授擔任助教的六年三個月，是我生命中很重要的修煉階段，如同生命靈數的 369 連線，開啟智慧的奉獻歲月。

尤其在推廣科普教育的思維裡，我重新整理自己的靈魂。在幻化液態氮的各種體會中，凍結了自己的莽撞，凍結了自我的盲目，甚至凍結了時間。

液態氮的沸點為零下 195.79°C，運用低溫高壓的模式就能獲取液態氮，因為這是空氣中近八成的主要元素。看似平淡無奇的物質，卻是在生命的世界裡扮演著舉足輕重的角色。因為淡雅的惰性，永遠在空氣裡擔任配角，伴隨氧氣的活躍，恰如其分的呈現天下的曼妙。

當氮氣是氣體時，沉穩而不煩躁，不像氧氣總是激進的參與各種反應，不像氧氣左右著生命，卻是不可或缺的穩定。

當氮氣成為了液體，這樣的低溫更是終止了各種生化反應的進行，於是被用來保存最原始的細胞，包含精子與卵子。

這讓我領悟了原來愛，不一定是熱情，而是可以真正包容的冷靜。

極低溫的世界，所有柔軟有彈性的物質都會變得脆化，輕輕一敲就能粉碎。

這樣的以柔克剛，如同深山靜默的武林高手，輕揮一抹寒冰掌，千軍萬馬已潰散。

　　當學生們沉浸於樂趣，我卻沉思於哲理。生命奮鬥的熱度，與人際關係間的溫度，有時確實應該逆向操作，才不會在時間的洪流裡，無意義的浪費了自己。

　　看著液態氮的沸騰，我終於明白「越是冷酷的人，其實越熱情」。

向歷史學習，會少走很多冤枉路。

向對手學習，會練就更實戰的功夫。

向錯誤學習，會找到原本忽略之處。

向液態氮學習，那是智慧的溫度。

人爭一口氣，

沒有什麼偉大的道理，

只是一口氣上不來，

生命就是斷了氣。

能生氣表示還有能力，

但要在對的地方使力。

想要成功，

就必須修身養性。

養什麼性？

好習性，好個性。

王者之巔必孤寂，

國境之端心已至。

我是王國至，持續在向液態氮學習。

◎ 寶石、精油、生命靈數

文 / 王國至

寶石是礦物的精華，是沒味道的物質，這句話只對一半。因為寶石是固態，不一定是無機物，也可以是有機物。這樣的固體在常溫下不揮發，於是氣味淡然，不是沒有味道，只是沒有用心聞，嗅不到。

精油是植物的靈魂，是最有味道的寶石，這句話全對了，只是我們必須將寶石的定義弄得更具備文化。

石頭是密度集中的土壤，土壤是植物孕育的溫床，若說植物是石頭變換的魔術並不為過。因為萬物之起始，只有礦物。而精油來自於植物的淬鍊，就是將石頭的精華之精，修煉成柔軟的結晶。這樣的結晶不是固晶，也不是液晶，而是靈性之晶。

寶石是恆常不滅的「不易」，精油是無常變換的「變易」，加上數字在大自然裡運行的「簡易」，我將其視為天地恩賜的三易，完全符合《易經》所述之日月轉動行動振動的道理。

這一切，都是在言武門的生命靈數裡深刻體悟的科學本質，著實讓我輝映了多年來在物理運用上的實際所學。

物理、化學、數學是科學之三理，而生命靈數的 123456789 就是哲學的九素。當我們探索生物本能的自然療癒，驚喜的找到了代表愛的六元建構之心念，如同蜂巢。如此 369 串接的大智慧，就在 2018 年正式銜接與啟動。

於是我扛起了使命，以幫助之心念，將所有所謂的抽象理論變得具體，用實際可以感受的視覺，觸覺與嗅覺貫穿混沌已久的靈

性知覺。

生命可以幸福，只要你選擇快樂。缺憾可以填補，只要你用對方法。

寶石的顏色，不該是染上去的，就像精油的味道不該是用化學香精調出來的一般。

寶石的顏色是物質的本質，在光影透射，反射與折射當中呈現自然的色彩，這樣的本質不是瞬間完成，而是各種空間與時間的溫度與壓力的條件，經過千年萬年的醞釀才衍生的成果。

時間造就習性，於是運用寶石多年的習性，共振生命的習性，激發潛藏的本能，再用精油啟動寶石的靈性，填補個性上的缺憾。優秀已是自然。

善用天地萬物之氣，
順應因果必然之趨，
愛蒼生，愛自己，
世界必然與你共顯亮麗。

◎ 實驗

文 / 王國至

在言武門香道靈性專業調香師的課程裡，我彷彿回到了在學生時期以及大學擔任助教的時代，實驗著每一個新鮮感。

精油是植物的靈魂，是植物的免疫系統，是植物的內分泌。

意思就是精油擁有著全然的自主思考能力，甚至對於外界入侵本能的反射防禦，更有著自己的情緒。

當兩者相遇，理論與實際總會有著差異，這就是生命奇妙的奧祕。

植物精油有味道，這是天性。

人的個性也有味道，只是你不知道。

當精油與人碰在一起，那是一種靈魂的撞擊，其中的波濤洶湧，如人飲水冷暖自知。

在科普的試驗世界裡，我已有著多年的實戰經驗，那是已然確認的物理變化。

而在這調香的領域中，物理涵蓋著化學，化學牽扯著生物，生物又激盪著生命與靈性，我著實驚喜。

當各種精油間彼此融合時，不是 A + B = A + B，而是 A + B = C。

而這 C 中涵蓋著轉變的 A 與轉變的 B，甚至還有意想不到的各種無限可能。

這讓我想到兩個人在一起，一定不能是 1 ＋ 1 ＝ 2。

因為如此就是毫無交集的相遇，最後一定會貌合神離，同床異夢，各奔東西。

1 ＋ 1 若等於 1，那麼就是如膠似漆，判若一體，這是一種同心協力的共識。

1 ＋ 1 若遠遠大於 2，那麼就是真正生命的價值，無限可能的創造力。

調香如同修行，必須專注。

人際關係與生命的前行，難道不是也得專注嗎？

調香是一種改變，是一種突破的學習，那是激勵生命不曾思考過的創意。

人生短短數十年，不當遊戲，卻也得在實驗的精神中創造你所渴望的你。

讓自己的幸福快樂，得以芬芳。

自己的味道，自己調配。

自己的成就，自己打造。

◎ 尋根

文 / 林美蘭

大時代，總是有很多令人難以置信不堪回首的際遇。十萬青年十萬軍，誰管你的好鐵不打釘，誰管你的好男不當兵，而是「好難不當兵」。戰爭的兵源有的來自於自願，有的是徵召，更多的是抓捕，五花大綁後拖進營。

伯父，父親唯一的哥哥被選上了，兩眼翻白，那是恐懼驚嚇的狀態。父親不捨而自告奮勇，恰如花木蘭代兄從軍，離開了故鄉福建省仙遊縣。從那天起，就用伯父的名字林金釵過了一生，其實父親本名是林玉書。

1949 年跟著部隊來到了臺灣，那時的公務人員，不看畢業證書，學歷自己填，實力自己說，最重要的是你必須真的具備這樣的能力。爸爸就這樣進了審計部上班，並且建立了各種人脈，也為子女鋪陳發展之路，這一段歷程堪稱傳奇。

媽媽是養女，義父好賭，於是敗了優渥的家產。賣女兒，在那時代，司空見慣。於是爸爸買回了媽媽，開始了婚姻家庭生活，那一年媽媽 17 歲。

很厲害的生了六個孩子，不是收入太少，而是要養的太多，不懂避孕的時空，就當增產報國。

媽媽本名王要，戶政人員筆誤成王要，冠夫姓後，被稱為林王要的歲月也已經超過了一甲子。

確實巧合，爸媽都用著不是自己的名字將錯就錯過了一生。爸爸享年 90，媽媽的人生 70 才開始，而今 84 歲如同青春少女環遊

世界，足跡遍及歐洲各國、中東、東南亞等國。

　　傳奇的父母，理應有傳奇的兒女，在那棒打之下出孝子的慣性中，雖然叛逆，卻也各自有成。

　　含辛茹苦，再難熬也都努力讓孩子升學念書，如其姓名整合之喻意。我們除了感恩，還是感恩。

　　子女若林也玉書

　　金釵可敵十萬軍

　　王者之風非玩耍

　　困境也要把命拚

　　抱怨，不是來自傻傻的做。

　　而是忘了傻傻的感受。

　　該聰明時，傻了。

　　該傻的時候，卻聰明了。

　　那就是真的太傻了。

　　我的父母就是傻傻的感受著生命的歷練，在該聰明的時候呈現智慧，在該傻的時候順應著傻，從不抱怨。

　　在逆境中昇華，在順境中揮灑。

　　我，林美蘭完整傳承了他們的 DNA，綻放著芬芳，越陳越香。

◎ 脫離貧窮

文／林美蘭

1954 年 10 月 10 日，全臺歡騰，國慶閱兵，旗海飄揚，似乎正在歡迎偉大生命的誕生，因為我來了。

父親好客，對朋友好到一個極致，有時讓我們完全無法理解。躲在門縫看著貴賓們的大快朵頤，那時的我，心裡在想，為何我們只能欣賞？欲望激勵著口水，內心卻淌著血。

長大後才發現，原來父親的智慧不是錯亂而是遠見，他用真誠與熱情鋪蓋了厚實的人脈，只為順暢我們這些後代血脈。

兩年前，爸爸走了，留下了我們滿滿的感激與感慨。也留下了鮮明的軌跡，讓我們有機會學習著爸爸獨特的待人哲學，不著痕跡的凝聚著人際關係。

回顧青春時，我極力的想擺脫貧窮，於是高中時沒在學業下功夫，荒廢了國小初中時的輝煌成績，盤算著自己的未來。

在父親的安排下到了臺肥上班，等不及在臺灣變肥，我就急著嫁到香港，前進了誤會一場的婚姻，兩年後生完孩子重新回到臺灣，開始另一個滄桑。

但滄桑沒有擊垮我，而是對孩子的愛，轉為動力與智慧。跨入當年名噪一時的財神酒店，快速的成為了餐廳的領班。運用著香港兩年練就的超級流利廣東話，順暢的與波瀾壯闊的政商名流拉進了距離，包含超級偶像林青霞、歐陽菲菲等等，都是我的座上賓，郭台銘的名片也在我的包包裡。

但我清晰的知道，他們的成就只能是他們的，而我的努力才是

我的。除了餐廳的服務，難有交集。

我沒有任何的異想天開，而是發現了語言能力的重要，還有自己的天分。但我沒竊喜，而是在這關鍵的功夫上，接受比任何人都更多的磨礪。

因為我知道，此刻的飯店業是我的機會。我絕對必須在狂熱的潮流退去前，練就精湛的語言實力，除了廣東話，我開始了日語的學習，奠定了我在飯店業輝煌年代的傳奇根基。

偶像，應該不是偶然崛起的對象。

高手，絕對不是眼高手低的夢想家。

傳奇，必然不是八卦傳言的巧合奇蹟。

不論你是何行業，表達力絕對是決勝必備的技能。但表達不是只有空泛的陳述，而是扎實的功夫。

而這實戰的各種語言表達力，不但讓我脫離了貧窮，更讓我開始走向成功的道路，品嚐了收穫的甘甜。

林木高聳可參天

美豔蘭花栽心田

純然致忠玲早鳳

不忘金釵玉書源

勝者為王似玩耍

莫問能否夜成眠

一朝為臣一朝君

要與不要一念間

◎ 被錢砸到的療癒

文 / 林美蘭

身兼父職，是一個女人最辛苦的事。但孩子不一定會理解妳的辛苦，反而覺得妳忽略了身為母親應有的陪伴。但沒有生存何來生活，沒有犧牲，何來幸福。

我忘記了生活，只為了生存。我忘記了自己，只為了孩子，這是為母則強的母性自然，但我們的孩子並不懂。

拚搏了多年，我憂鬱了，這已經不是心理效應，而是生理、心理內外交錯的感染。我開始顏面神經麻痺，不只看神經科，也看精神科。我告訴我自己，我不能沒有工作，因為我上有父母、下有孩子，我忘了我自己，卻沒有忘了責任。

我望著天，天無語。卻在此刻從天而降的機會讓我瞬間好轉，所有的症狀全然消失，不藥而癒，果然應驗了業務系統的流行語句「業績治百病」。

除了在世貿飯店的工作以外，我是很多客人的超級業務，因為我負責所有關鍵時刻的酒杯應對進退，包含藝術品的買賣。於是老闆們為了感謝我，竟然給我完全難以想像的犒賞。但單純至蠢的我，竟然大量婉拒了報酬，而是只拿我認為應得的百分比。然而這卻是老天也看在眼裡的格局，於是連老天都幫我。

10 年，我淨收入超過 3000 萬，不包含房地產的增值。於是這樣被錢砸醒的感覺，真好。

在《翻轉命運的力量》那本書我見到了各種翻轉命運的行動，也鼓舞了我自己，希望透過《成就渴望的臨界點》這本書成就更

多的人，因為我也曾經渴望，曾經茫然，曾經在那臨界點載浮載沉。只因為那一股信念，為長者承擔，為幼者勇敢。

我忘了我是女人，甚至年過甲子，仍然沒有真正嘗過戀愛的璀璨。雖然我比任何人都有能力與機會讓自己在情場上風起雲湧，但我卻淡然，只為奪下生命中每一次價值的標竿。

錢，不是萬能，但已幾乎全能。重要的是，那是錢來自何方，又要前往哪一個方向。錢，是能量，也是治病良方，只看你用在什麼地方。

我，從來不懷疑自己的能力，從來不掩藏自己的渴望，我的心念與天地共鳴。在夢想的前方，我想，我說，我做，千軍阻擋，我領萬馬穿。

不要急著成功，但要一直走在成功的路上。

因為成功不是終點，而是另一個起點。

沒有誰能阻擋你的去路，除了你自己停下了腳步。

你，心病了。用錢砸砸看，但請砸對地方。若為大愛，天地也奔放。

別說你沒錢，

別說你沒時間，

別說你沒能力，

別說你沒朋友沒人疼愛，

別說你沒機會。

因為這只說明了，

「你什麼都有，只是沒用腦袋」。

◎ 超級口譯

文 / 林美蘭

在數字能量學裡，3 是孩子，3 是變化，3 是靈活，3 是創意，3 是赤子之心。而這 3，竟是我奮鬥人生路恆常的伴侶。

在臺肥只有 3 個月，在香港生完孩子 3 個月回臺，在飯店業的路上，兩個重要的階段都是 3 年。

財神酒店餐廳的 3 年，感恩眾多貴人的扶持，我練就了與人互動中誠而不華、善而不泛的功夫，於是被相中轉戰國聯飯店櫃檯，前進另一個里程碑。這一個 3 年是我實戰日語的跳板，更是建構日系人脈的重要關鍵。

花漾年華，年輕貌美，舉手投足讓人醉。

自在隨和，千杯不毀，人際財富已堆疊。

我愛惜著羽毛，並沒有放蕩自己的行為，更沒有在那無窮的誘惑中迷失自己，卻是靠著自己翻騰的決心，用自己公關的長才，在那杯中情緩緩展開。

28 歲，買下今生第一間房子，座落最繁華的北市東區，隔年再買一間。

人說，病從口入，禍從口出。

而我的財富的建構，除了是那讓人信賴的真誠對待，更是「才從口出，財從口入」。

我們無法矯情的，在那個時代，酒杯文化是飯店業難以擺脫的宿命，於是我說財從口入，沒有那個酒，就沒有那個財富，很是拿命換錢的日子，更勝原住民朋友所說的「沒酒沒朋友」。

　　但真正的關鍵是，語言溝通能力。在臺灣，國語、臺語這是基本，而讓我翻轉的卻是廣東話與日本話，因為當時的商務語言最重要的不是英語系的洋人，而是香港人與日本人。

　　這樣的功夫，我很感恩這一段光陰的淬鍊，於是各路人馬已經把我當成這兩種語言的最佳口譯。王文洋與日本來臺的十三位國會議員的盛大聚會，現場口譯是我。蕭敬騰粉絲 yuki 記者招待會的日文口譯也是我，不勝枚舉的經典場合，絕非空穴來風的機會。

　　這一段的分享，不是要秀我自己，而是希望有緣閱讀此書與本文的朋友，正視教育的關鍵，不是只在學校。學習成長的火候，都在社會。

　　不要因學歷而貶低自己的能力，必須在各種機會中壯大自己的實力，我只有高中畢業，不是任何名校的外語系。

　　不怕當年，人家看不懂你。

　　只怕現在，你看不懂當時的自己。

　　只用精神，展現答案。

　　不花時間，忙於解釋。

　　別人怎麼看你，不重要。

　　重要的是，你怎麼創造你自己。

　　我，走對了路，練對了功夫，所以我崛起。

森林必然多險阻，

美麗枝椏苔蘚覆，

蘭花幽然，淡雅綻放。

我是超級口譯——林美蘭。

◎ 下一個甲子

文／林美蘭

很多女人喜歡隱藏的數字，就是體重與年齡，而我卻能很明確的向大家報告，我已年過花甲之年，我已擁有了超過一甲子六十年的精彩歲月。雖然各種感受點滴在心頭，結局不盡然令人滿意，但我已很感恩。

五子登科是很多男人的夢想，而身為女人的我在五十歲已全然達成，光榮退休。但又經歷了十幾年，我發現我對於上半生已經完美的做了總結，卻對下半生沒有了規畫。

享清福，是一件很無聊的事，於是我期許我的人生，即使沒有另一個完美的甲子，卻也必須更有智慧的數十年。

於是我參與社團組織，希望有服務貢獻的機會，在中華餐旅經理人協會擔任幹部數年，因為這個產業確實是我投擲所有青春歲月的世界，我有一種無法言喻的感激。

然而，這並非我的全部，因為在許宏老師的啟發下，又再燃起我的熱情，希望將過去經驗種種的累積，化為文字傳承於後世，用言語化廣長舌相遠播千里。

我，可以國臺語演說，也能夠廣東話授課，更可以日本語揮灑。我要用這數十載凝聚的能量，用最實際而正面的方式，感染更多的有緣人，希望能夠讓大家超越那生命中困窘絕望時刻的臨界點。

我低調太久了，但我不孤單。

想要不孤單，只有兩個選擇，追隨與被追隨。

我的選擇是，

成長前，先正確的追隨專業。

成長後，誠懇熱情的被追隨。

當一群人能堅持的在同一個方向前進，

原本的不一樣，漸漸的也會相同，不論好壞，必將同頻共振。

把自己丟入一個優秀的團隊，跟隨優質的氛圍，伴著時間的演化，你將必然優秀，這叫調頻。

我們用數十年的努力讓自己成熟，

卻在成熟之後才發現想要回歸青澀。

我們的教育讓簡單持續複雜，

卻在理解太多之後才明白簡單最好。

在教育這個部分，過去我很失敗。

但我將用我人生另一個甲子，燃燒我的生命，分享、教育、訓練所有走在奮鬥路上的孩子，成為所有因緣而聚者心靈上的依靠，指引正確而實用的方向與方法。

給了孩子肉體，卻難以給他心理，因為那是隨其靈魂帶來的伴侶。

忘了身教言教人之道，自然展現的必然是獸欲。

人之異於禽獸者，幾希。莫將一生的心血化為禽羽，披在子女的身軀，那不是飛往幸福的工具，而是遺憾千古的唏噓。

這本書，是我的新起點，也是下一個精彩的引爆點。

與您一起見證生命心想事成的無限可能。

◎ 關鍵的指揮

文／柯彥廷

新北市以前是臺北縣，而縣政府與市政府都是座落板橋，可見板橋的重要。板橋是鄉村前進城市的跳板，更是荒蕪跨越繁華的大橋。而我在這一步步前進，一寸寸成長，因為板橋就是我的家鄉，每一片土地都有我翻滾過的芬芳。

新埔國小，新埔國中，是我牙牙學語的母校。每個年級都有三十幾個班，每個班都有五、六十人，人口之眾，確實早已把我淹沒。在這樣的環境，我沒有霸凌的困擾，也沒有強出頭的野心，因為我練就一身有點叛逆卻不壞的特質。不愛念書，卻明白明哲保身的中庸之道。

高中讀了一年，轉考高職，最後選擇三重商工機械製圖科，開始了我真正人生中的第一項一技之長。更重要的是我加入了軍樂隊，主練打擊樂。

凡屬敲敲打打的一切聲響，對於我都是瞬間信手拈來。我的節奏感完全來自直覺而非樂譜，因為我完全不認識豆芽菜。

在沒有實際指揮的狀態下，鼓手就成了樂隊的指揮。這樣的引導，不靠視覺，全憑聽覺。在那鼓聲震盪耳際的瞬間，我醉了。因為我突然找到了自己的重要性，突然肯定起自己的舉足輕重，突然找到了自己的存在感，更找到了成就感，一掃茫然。這是我生命中第一次的輝煌。

大學畢業後，我幸運的進入到海軍陸戰隊，因為甲種體位也是對身心靈的一種認證，深感榮耀。更因為軍樂隊的實戰資歷，我

被遴選成為了陸戰隊的樂隊。雖然打掃出公差的時間遠遠超越演奏的時間，但那是另一種歷練成長的體驗。

我扛著大鼓前進著隊伍，鼓棒斷了，我卻只能沿著節奏繼續打。手流血了，濺灑鼓皮，我卻只知道責任正在我的肩上，樂章的完美呈現全在我的手上。

你的優勢，別人不一定有。

別人的苦，你不一定懂。

別抱怨你的處境，真的可以交換時，你不一定願意。

現有的一切，已是恩典，必須感激。

小事情全是大道理，

大事情全看小細節。

而我敲打著樂器，如同鍛鍊自己。於是在我生命前進的路程，我從來不怕打擊。我總做著似乎不起眼的事，卻是很多人不可或缺的引領。我用鼓聲指揮著樂隊，也激勵著自己。

我不亮眼，但很重要，

更值得信任。

◎ 我不愛現，但我很優秀

文 / 柯彥廷

柯是枝椏，似乎註定了配角的宿命。彥是大才，廷是朝中理政之處，期許著雄偉之志向。

於是我從小習慣了配角，卻也從來沒有停下為擔任主角而準備。我可以當綠葉，卻也沒有拒絕當紅花。我不是變形金剛柯博文，也不是兒童神探柯南，亦不是醫生市長柯文哲，我就是你以前可能不認識、深入交往忘不了的柯彥廷。

人稱小柯，其實從我厚實的胸膛與肩膀來看，我算大棵。

人稱小黑，雖然從頭黑到腳，但我有一顆火紅熱情的心，更有一副白皙透亮的靈魂，一點也不矯情。

我低調，因為我知道高調的時刻尚未到來。我微笑，因為我有一張包青天般的莊嚴樣貌。

我很簡單，只因為懶得複雜。我有著良善的人際關係，因為我掩藏不了自動靠攏的親和力。

我眼睛小，但看事很清晰。我不曾以外貌自豪，卻常被懷疑是混血兒，不是混那非洲與菲律賓，而是混那樸素與真誠兼具的雙親。

雖然我沒有劉德華的外表，也沒有湯姆克魯斯的軀體，常常照著鏡子，越看越帥氣。我不自戀，也沒自我感覺良好。我只是願意在我能力範圍之內，圓滿所有周邊親朋好友的各種美麗希冀。

在很多人的世界裡，我是不可或缺的螺絲釘，我樂此不疲。因為我知道很多事有很多人已搶著出頭，卻也有很多關鍵事沒人做，

而我卻都是在那關鍵時刻默默自動填補的那個角色。

　　這樣的習性從 1983 年 8 月 12 日開始，我已鍛鍊了 35 個年頭。然而就在 2018 年流年 3 接 4 的狀態中，我決定整理自己，讓自己換個角色。從配角變主角，從道具變編劇，因為我知道驚豔舞臺的時候已經來到。

南柯一夢數十載
彥材翻身廷中睞

愛現，是喜愛展現的渴望，帶著自我感覺良好的味。
優秀，是優質的秀出自己，藏著歷久彌新的韻。
愛現，是陽中包陰。
優秀，是陰中納陽。
　　用扎實的學習與成長墊高你自己，才能在優秀與愛現中取得平衡，恰如其分的呈現。

**　　我是柯彥廷，**
**　　我不愛現，但我很優秀。**

◎ 麻糬哲學

文／柯彥廷

麻糬的臺語發音像極了「媽吉」，對我而言就是「爸媽的太極」。爸爸的剛，媽媽的柔，孕育出了四個孩子的剛柔並濟。言教不如身教，在我們的家裡一覽無遺。

爸爸是木工裝潢，於是從小我有一種被做建材雕琢的感受。雖然我是老么，但也並未被寵溺。雖然我叛逆，卻也在為人框架中循規蹈矩。

爸媽哥哥都是慈濟人，安頓著家庭爾後隨喜幫人，完全沒有本末倒置的違和感。而我用著自己的方法，不偏離正軌，在幫助別人的路上，鍛鍊與釋放自己的能量。

我不會說什麼大道理，因為我做著自己的小事情。因為我相信所有的安排都有天意，不勞自己愚蠢的費心，只需在既定的方向中專心，繪製著自己的人生哲學。

我就像麻糬一樣柔軟，逆來順受的靈活。對於所有外來的雜訊與攻擊，全然無聲無息的納入。看似平凡無奇，卻如同武俠小說裡的吸星大法，不斷的強化了自己的功力。

2018 年 4 月 15 日，我正式踏入言武門，在這樣農曆年即將踏入三月的最後一天，我被肯定而允予入門，這是多麼震撼的喜悅，感動莫名。我問師父如何入門，師父說只要宣誓遵守一句話「謹言慎行心合一」，就是言武門人了。

是的，回顧這三十多年來，我沒做過什麼轟轟烈烈的大事，但我確實是說到做到了每一件小事。

戊戌年，正逢流年破軍坐命，人逢殺破狼，正是成就起落的臨界點。

左輔在旁避免錯亂了方向。火星遇地空，火空則發。

遷移宮紫微、天相、右弼，於是外出與異動都有強大的氣勢。

在師父清晰的指引中，我知道我必須全力以赴，珍惜此刻醞釀已久的時機，火力全開。

機會，從來就不是用手抓取的掌握。

而是思維與行動同步的速度。

天機之交會，時空之樞紐，謂之機會。

路，不是老天為你鋪，而是自己的足跡，各自邁出。

網路，也是路，但那是沒有土地踏實感的虛無。

不要隔空談愛，何來未見明心。

師者點燈亮路，卻仍需你用心的每一步。

麻糬是我的人生哲學，而今我更在麻糬上抹上了油，沾上了花生粉，讓每一個人在靠近我的瞬間不感粘膩，入口即化，蕩氣迴腸，充滿能量。

我是誰，我就是你的麻吉「柯彥廷」。

◎ 繪製幸福的藍圖

文／柯彥廷

　　工程的意涵就是創造，藝術的緣起就是創意。而我喜歡有創意的創造，不是天馬行空的胡搞瞎搞，而是在規矩中進行著排列組合，透視著成功軌跡的必然，遠離虛擬的期許。

　　在數字能量裡，我獨缺 4、6、7。所以我用尺規刻畫著我的安全感，補上我的 4。我用行動替代表達的影響力，填上我的 6。我用學習正確的方法，替代我的直覺，彌補我的 7。

　　在機械製圖的世界裡，我已擁有超過十年實務的資歷，創造出各種生產機具，尤其是美容保養品的製造機，各種藥物的生產器械。沒有精密的前置作業，就沒有所謂標準作業流程的完美無瑕。

　　這樣的工作，坦白說，很枯燥，很疲乏。但我幻想著末端商品使用者的健康與美麗，於是又再燃起我持續奉獻的動力。就像我的實際生活型態，我把精彩燦爛獻給了別人，卻把孤獨寂寞留給了自己。

　　生命靈數說，獨缺 4、6、7，不是鋃鐺入獄，就是異軍突起。我在醞釀的時機，已然慢慢接近。

　　我想起了三國時代的夷陵之戰，陸遜大敗劉備，那樣的等待時機，如同天降三十萬大軍，一把火扭轉了全局。

　　有一句廣告詞：「我很憨慢講話，不過我很實在。」，這句話迴盪鄉里數十年。我有一句話：「我很拙於示愛，但是我所做的一切都是愛。」我用我的生命實踐一輩子。

　　沒有說出口的話，我都用行動呈現。沒有十足把握的標的，我

完全不越矩。

若問我的特質是什麼，我會說：

我專心，你不必多心。

我費心，你可以放心。

2017 年，我開始學習內在深層的元素與零件，在我一板一眼的邏輯中逐步排序。我開始練就更多可以幫助別人的工具，誠懇而踏實的解析生命正確的方向，為茫然失落者臨摹一張「快樂的生命藍圖」。

是的，我是製圖師，不只是機械繪圖，更是「生命快樂的製圖師」，為有緣人繪製幸福的藍圖。

第一幅偉大的作品就獻給我自己，起名「快樂的柯彥廷」。

◎ 行動式表達

文／柯彥廷

還沒做的事，我不會說。

已經做的事，我懶得說。

因為我的表達模式，不是言詞，而是行動，於是我稱之為「行動式表達」。

但，這樣的方式究竟是對還是錯？

以修行的觀點來說，這是合乎因果的邏輯。然而在社會上的行銷觀念而言，確實我少了太多綻放自己的機會。

太多的人，未做先說，有做說沒做，沒做說有做，濫用了表達力的靈活。而我卻遵循言武門所標榜的「想要說話有力道，必須自己先做到」。甚至我已做到，只是寶寶不想說。

但在散播正思維的路上，我錯了。我確實有責任陳述我做了什麼，又怎麼做，這是在未來我承接領導團隊前必須深刻磨練的準備。

因為不懂花言巧語，只懂耐心陪伴與聆聽，於是我的感情路很是單純，至今仍然單身一人。

獅子座的我怎麼可能沒有個性，只是我內斂了自己包容了別人。

依稀記得當兵時，廁所洗到乾淨得可以用餐，拖把清潔到可以抹上臉龐，親吻也覺芬芳。那一段被折磨的學習，讓我遇到各種愛人的無理要求，也覺甘之如飴。

我不是無法兇悍，只是喜歡溫柔；我不是不懂花俏，只是我喜歡真誠。

你不必抱怨誰不理解你，

而是必須鍛鍊理解自己的能力。

不需不懂裝懂，不必渴望他人的明白。

懂了自己，自然容易讓人清晰。

你有權保持緘默，

但不必瞎說。

你可以婉轉陳述，

但不必扯謊。

鎖匙，鎖不住小人。

合約，束不了賤人。

法律，圈不住犯人。

良藥，救不了死人。

一諾千金，一言九鼎，方為人。

是不是人，只問其言，再觀其行，一目了然，誠信而已。

深夜沉思，我不是偉人，但我很開心，「在我的字典裡，我歸屬於人」。

◎ 穿梭山林的鋼鐵人

文 / 高原光

高樓大廈平地起

原始純淨更發光

我來自宜蘭的窮鄉僻野，員山鄉中華村冷水坑。從小跟著媽媽到山上砍材下山賣，只為了讓七個兄弟姊妹都可以存活下來。

在那穿鞋子就是奢侈的年代，家鄉沒有柏油路，不是泥地，就是石子路，天然的腳底按摩步道，早已練就了厚實的腳底板。鞋子不穿在腳上，而是綁在肩上，因為上學得穿。

課餘，我在山林中穿梭，各種樹木的名稱與質地特性一目了然。不是因為好學，而是為了生計，不得不認識。而我最常砍的就是白匏樹，因為這是最容易砍伐、最受歡迎的柴火。

國中畢業後，為了減輕家裡的負擔，先是在宜蘭當水電學徒，爾後在哥哥的引導下到了三重打拚，那一年我 17 歲。

從工地粗活開始幹起，經常被鋼筋給燙到，烤熟了皮肉卻強悍了筋骨。但是 35 度的高溫，鋼筋卻是翻倍的沸騰，苦不堪言，於是轉往成衣廠燙衣服。燙著燙著，當兵了。隨著部隊的移防，三年我走遍了虎尾、屏東、馬祖、金門，在防空砲兵團裡擔任團長的傳令。學習了服從，學習了與人的應對進退。突然，我發現自己成熟了。

退伍後，我決定深入建築業，因為我知道，在這樣的時代，沒有學歷，必須將兩力綁在身上，一個就是「技術純熟的實力」，另一個就是「不怕吃苦的勞力」。於是從那一刻起，我決心成為

不怕風吹日曬雨淋土蓋的建築尖兵，30 幾個年頭走過來，沒錯，我已經是名副其實的鋼鐵人。

我在建設公司、營造公司，與所有的下包，全然住工地，生活在一起。於是所有建築的細膩環節步驟，所謂的祕密，我當然也都如數家珍。

臺上十分鐘，臺下十年功。

是的，我在專業的建築統包系統內十年磨一劍，於是我創業了，開始以鋼筋為核心，各個系統內的水泥、模板、水電全力配合。我們建構了如同航空母艦的戰鬥群，一呼百諾。

連最亮眼的美麗華，最高聳的臺北 101，我們也都有幸參與其中。

英雄不怕出身低
鋼筋水泥我兄弟

而今我在建築工程業，也闖下了一片天地，專業的規畫設計，優質的施工團隊。您的託付，我們絕對使上全力。

我不是原住民，不是混血兒，
而是真正愛這塊土地的臺灣人。
我是高原光，
登上高原放光芒，
創造那鋼鐵人般的輝煌。

◎ 我的志願是總統

文 / 高原光

國小的作文題目，在這幾十年來應該都沒什麼太多的變化，其中一題「我的志願」可能小學六年、國中三年，不只會遇上一次。然而，我每一次寫的都是「我的志願是總統」。

但這樣的願望，為何沒有達成？因為我從來就沒有相信會發生，也從來沒有往這個方向努力過。

我並不是嚮往那難以想像的權力，更不是為了貪婪的私欲與無知的野心壯大自己。而是總統可清楚的資訊最多，擁有的資源也最多，最清楚人民的需求是什麼。在讓人民解決食衣住行育樂的方向上，所有行政機關都必須能真正能夠體恤人們的感受，而總統就是最能左右局勢狀態的關鍵人物。

國防是讓人們心安身安的基本配備，經濟更是扭轉人心是否凝聚的重點。而我在窮困的成長過程中，經歷了臺灣歷史上的每一位總統，所有經濟的興衰起落，我都有著如人飲水冷暖自知的感受。我知道臺灣的政治文化，明白在那沒有政黨背景的支持中，當總統是痴人說夢的幻想。但，我真的清楚，如果我當總統，臺灣會很不錯，很好過。

不能當總統，於是我改當建築系統的「總統承包」，簡稱統包。其實這已經滿足了我當總統的心願，因為無法大幫助，先給小幫助。

建設國家與打造建築沒有什麼兩樣，不是只要求外觀漂亮的假象，而是從地基鋼筋水泥、空間格局、土木水電、空調裝潢種種

的一切都必須設想周到，全盤規畫，才能有完美的設計呼應的實質作品。

金玉其外，敗絮其中，這是欺騙人們的不良善。看起來特別花俏的建築，其實隱憂也常常特別多。看起來樸素的老土陽春，卻也反而可以令人安心。

在幾何圖形的數學裡，本來就是單純才容易計算。禁不起任何丁點的錯誤評估，因為那都是民脂民膏的身家性命。

蕭規曹隨，看似沒有創意，其實反而是智慧。就如同已經精細算好的結構，豈能讓你隨便打掉，重新再來。

小事情做好，才能做大事情。能做大事情，也得安排好所有小事情。做好家長，才能當里長；做好里長，才能當市長。做好市長，也才能當更舉足輕重的首長。

我無緣當大總統，所以我惜緣當我建築世界裡的小總統，也是我心想事成的實際體悟與呈現。

心想事成，

是一種心動，啟動你的行動。

然後帶動萬物的感動，

引起同心協力的衝動。

同頻共振的幫你「一桿進洞」。

如果你再要我寫一次「我的志願」，

我的答案依舊是總統。

◎ 巨人

文 / 高原光

人不輕狂枉少年，於是我也有過叛逆的歲月。人善被人欺，人窮更被欺。於是國中時期，在被欺負霸凌的狀態下，在刺蝟心理的作祟中，我組織幫派，聚眾自救。雖然當時的我覺得沒有錯，只不過是為了自己保護自己的伸張正義，不讓令人噁心的惡勢力猖獗，不讓弱肉強食的風氣延燒，而凝聚的另類自助會。

但，這一天令我崩潰，因為某一鬥毆事件，母親被通知到學校報到。母親為了不讓我記過，留下學習上的污點，竟然向訓導主任下跪。這一刻，我深感自己的不孝之至。

一個女人家，撫養這麼多孩子，甘之如飴，任勞任怨，犧牲青春，全心全意的投入在孩子的生活與成長，在我心中是最偉大的巨人。

這樣的奉獻精神，就是對於我在所有人事物上基本態度的傳承，也是在此刻我能夠有所成就的根本因素。

即使貧病交加，即使惡夢難熬，我也不忘承接與放大那母親的責任感。

工地如戰場，隨時都必須謹慎小心，各種意外的發生總是讓人怵目驚心。小傷是家常便飯，有一次，夥伴受傷了，被一條鋼筋橫穿大腿，並且與建築連著。我們過去搶救，用電鋸切著鋼條，但又不能太快。摩擦生熱，足以讓鋼筋燒燙難忍。於是弄了十幾分鐘才完成第一步的搶救工作，爾後送醫。

而今，這位夥伴已然箭步如飛，繼續在工地上奮鬥，這是為了責任的另一種巨人。這樣的精神，遠比那只想在冷氣房裡打電腦

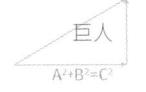

的人們強太多了。

　緣分讓我沒有太多的時間在學歷上增進，卻也從沒斷送我喜歡閱讀的習慣，兩個孩子也都順利在大學中成長，我想我沒有辜負媽媽的期待了。

　2018 年 9 月我接任三重健言社的社長，對於我這樣剛毅木訥的人而言，確實是項挑戰。然而我也給自己機會不斷成長，接受訓練，接受改造。因為我知道，我有責任讓自己更茁壯，才能更有能力幫助與奉獻。

　不當自己的小人，要當自己的貴人，成為自己心目中另一個巨人。

　英雄不怕出身低，鋼筋水泥我兄弟。
　曾經的叛逆，並沒有阻礙我的奮鬥。
　曾經的挫折也沒讓我自暴自棄，而是更努力成為中流砥柱。
　我是高原光，不成巨人，也是精英。

◎ 地震

文 / 高原光

地震可怕嗎？

當然可怕。翻天覆地的扭轉乾坤是天意，誰也逃不去。

然而，身處地震帶的我們，經常的地震，不是天災，大多卻是人禍。因為貪婪無知而造成的悲劇，此起彼落。南臺灣大地震，北臺灣倒房子，這是魔術師的神話嗎？不是，是建築師的笑話。

太多的房子不該倒，因為正常的結構施工品質，那些都叫爐鋼小震，房子怎麼會倒？

內行看門道，外行看熱鬧。你以為建築結構內的鐵桶、保麗龍、塑膠罐是元凶？大錯特錯，那是笨蛋的思考。真正的原因都是結構的計算錯誤，為了花俏的外表，讓一切變得糟糕。

在大自然裡，很多的事是不變的。樸實的外表，通常就有穩健的內在；虛華的呈現，總是禁不起動盪的摧殘，所有的建築物皆是如此。

在建築的世界裡，我喜歡中式色香味俱全的五菜一湯，甚至羅漢齋般的簡單，卻是麻雀雖小五臟皆備的健康。

我可以欣賞那華麗的西式擺盤，卻清楚明白，在那建築的真諦裡，不如單純的燒餅油條配豆漿。

偷工減料者，都是僥倖的短視近利。別說孽及子孫，經常都是現世因果的立即災難。做自己能做的，得自己應得的，叫醒自己的良知，才有真正帥氣，才是真正的勇敢。

大地震是無常，小地震是能量釋放，也是良知檢驗的必然。每

一次看到那些不該發生的災難，我都在想，「如果每個建築業者都像我這麼簡單，那麼災情也就會很簡單」。

這樣的心念，我一直想廣傳，一直盼望能深耕，卻在自己表達力不足的剛毅木訥中，夢想只能是夢想。

於是我參與健言社，更前進言武門，希望扭轉自己的能力，把自己的功夫與專業能夠貼切的表達，更透過文字影響有緣人。雖然，我清楚這只是杯水車薪，擴散力有限，但，我不能不努力去拯救那我能夠奉獻的一小部分。

我不會把廁所改成餐廳，但是我卻能夠將茅房建構得讓人如廁也安然。

什麼是「爭氣」？

那就必須蒸發你的頹廢之氣。

今天的你，什麼都不是。

明天，說了什麼，都是。

我蓋了 30 多年的房子，卻忘了建築自己的表達力，愧對的不是自己，而是辜負了自己的專業與使命。於是我決定沸騰自己的血液，蒸發我不曾正視的言語。

說話的力道，不是聲音的大小，而是你說的，是否已經做到。

我不會說話，但我說的都很有力道，因為只要我說的，沒有一項沒做到。

我，高原光，不期待威震八方，只希望眾人，地震無恙。

我在鍛鍊自己的 921，奉獻「9」中表達「2」自己「1」，不讓悲劇再集集。

◎ 陪伴

文 / 高原光

人是動物，是群聚動物。除了偶爾需要獨處以外，大多的時間都需要陪伴。

從受精卵孕育成胚胎的那一刻開始，我們就在母愛的陪伴中長大。

生出來，如果沒有哺乳、餵食，根本不可能存活，更不用說什麼茁壯與未來。於是母親賠上了青春，把她的生命歲月的一半以上，都奉獻在我們的身上，一直到我們成人，那一顆關懷的心依舊陪伴。但，大多數的人開始追求自己的世界，忘記了最重要的反哺之恩不是錦衣玉食，而是貼心安然的陪伴。

陪她聊天，陪她吃飯，陪她曬曬溫暖的太陽，陪她說說年輕的故事，陪她享受我們努力的成果，讓她知道這輩子她多重要，讓她知道我們並沒有辜負她的期望。

而不是遠在天邊打拚過日子，危急時也不知是否能守身旁，卻在無奈中奔喪。這是大不孝，不是為父母爭光。

對親密愛人也一樣，不是只有肉體的溫暖，不是甜言蜜語掛嘴上，而是即使不在左右，也是心念相通的夥伴。並非同睡一張床，想的各自不一樣。

孩子的成長，有階段。

年紀小時，陪他玩。

年紀漸長，陪他瘋狂，就像朋友一樣。

在他奮鬥時，給他精神力量，給他參考的經驗與方向。

我們無法陪伴孩子一輩子，卻能用愛包圍他一世，讓他知道奔跑別怕跌倒，讓他知道即使我們不在了，支持的力道卻不曾離開。

對於客戶，更是如此。

不是銀貨兩訖後一拍兩散，而是交易後成就真正情誼的開端。

如同我做的建築，每一項都是嘔心瀝血的灌溉，在那鋼筋水泥的支撐中，融入了安全感與幸福快樂的陪伴。

我，曾經很孤單，流血流汗自己嚐。但我很幸福的還有 92 歲老母親相伴。我不知還能陪伴孩子多久，於是我把我的歷史、把我的靈魂寫在書上。希望在他們難免困惑、難免茫然的時刻，還能翻上一翻，在那《成就渴望的臨界點》都能給他們《翻轉命運的力量》。

我是高原光，站上高原更發光。

即使有朝一日上天堂，我的愛就像我的每一個作品一樣，永遠與你作伴。

◎ 數字管理

文 / 張麗蝶

　　還沒出生，算命的就對我的生母說，這孩子對妳有刑剋。於是我出生在臺南將軍鄉的一戶陳姓人家，卻很快的把我送給了彰化和美的張姓夫婦。

　　於是我還來不及姓陳，就註定姓張。還來不及認識出生地臺南，就成了彰化人。

　　當然，我也感謝我的生父生母，至少讓我生了出來，活了下來，十月懷胎，總是不易。但是我確實特別感恩我的養父母，胼手胝足，篳路藍縷，艱辛的撫養我長大。

　　張羅生計東西奔，自在心念南北遊。王者之心任我行，桃李已然滿天下。

　　多年之後，我也學習五術，探究靈性，不只為了智慧的成長，更為了揭開心底傷痛的迷。事實證明了，不變之中仍有可變之處，斷言之內必有斷層。圓滿來自信心與行動的輝映，結局也得寰宇力量的幫忙。我非常感恩。

　　感恩的心，對我而言不是一首歌，而是靈魂。掌聲響起，同樣的也不只是飛飛姐的旋律，而是我心裡的點點滴滴。

　　數字，是我目標明確前行的方向，更是我管理一切的基準，於是我對數字的敏感度堪稱一絕。

　　然而在商業的角度裡，我卻完全憑著理智與感覺在做事，毫無錙銖必較之習性。

　　出生，誰沒有願望？卻必然是因果的安排，當慢慢成長後，我

們的自我選擇決定權就陸續的與日俱增。歲月經過的日子增加了，所剩的時間減少了。而在我們設定的夢想裡，我們完成了幾項？

年輕的時候，是加法生活；奮鬥的時候，是乘法生活；慢慢的變成了減法，甚至於除法。在無條件捨去的算式中，我們卻應該把自己的生命重點列出最後的幾項。

希望把最重要的時光花在最有意義的事情上。而我在想，我最重視的除了親人、朋友，還有什麼呢？

是的，對這地球的責任，對自己使命的交代。做自己能做的，做自己想做的。不把公益掛嘴邊，不把私欲放心頭。在我那濃郁的正義感前頭，我還有著渾厚有力的雙手，不怕流汗，只怕遺憾。我連這正義感一樣必須數字管理，而這數字就是 CCFL 的光源使用百分比。

因果，並非不知者無罪，
而是愚痴易造孽。
大自然的定律，不是人們的法律，
沒有一廂情願的商討餘地。
CCFL 是太陽的愛，是健康的光，我願用我的餘生，燃燒自己，把祂帶到每一個太陽無法到達的地方。
願黑暗沒有遺忘光亮，願光亮共振著太陽的自然。

◎ 太陽

文 / 張麗蝶

道生一，一生二，二生三，三生萬物。道是宇宙運行的機制，在太陽系裡，一就是太陽，二就是月亮，三就是地球，萬物即是蒼生。沒有太陽，月即不亮。沒有日月，地無陰陽，蒼生無望。

后羿射日，為減其烈。嫦娥奔月，為增其柔。雖為神話，卻是物極必反，陰陽調和，相生相剋的平衡之道。

太陽建構了 365 個日子，月亮堆砌了 12 個月份，鋪陳了時間的線條，點綴了生命的有無，生老病死，成住壞空。

而這一切的緣起，就是太陽的「光」。沒有這個光，大地沒有溫暖，那不是地內熔岩所能替代的愛；沒有這個光，植物沒有光和作用的可能，動物沒有陽氣；沒有這個光，大地也如深海裡的怪妖一般，世界沒了方向，生命沒了希望。我們不得不歌頌太陽。

1880 年愛迪生（Thomas Edison）向英國人斯旺（Joseph Wilson Swan）買了燈泡的專利，經過改良後成為了震撼世界的商品。若說愛迪生是發明王，不如說他是行銷大師，其餘的一切不多論述。此刻的世界除了陽光、火焰，第一次有了不一樣的光亮。

人們開始日夜顛倒，開始不再日落而息，身體有了新的文明病。

爾後各種燈具的誕生，汞氣日光燈、LED 燈，各種行銷語言甚囂塵上，卻都是沒有說破的商業勾結。對於人們身體的傷害日積月累、鯨吞蠶食，不只傷害的是眼睛，更是很多回不去的健康問題，上網簡單搜尋就能窺見各種相關報導。但，為何會有這樣的現象，只因無知與貪婪。

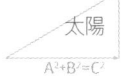

汞氣造成環境污染，白熾燈又被說耗電，於是衍生所謂的省電燈泡，而現在的主流就 LED 燈。但主流不是沒問題，而是不想談問題，於是忽略問題。藍海策略很難持久，因為海洋都被污染了，很快就成了紅海、黑海、髒海、死海，於是現在的 LED 不見藍海，只見藍光的傷害。

這如同主流的西醫一般，並沒有解決慢性病的根源，而只是強調藥物的平衡，恐嚇著無奈的病人。

更如同所有石化工業的產物，方便了生活，卻也造就了環境與健康更可怕的危機。

在反璞歸真的渴望中，人們喜愛文明，卻又害怕文明帶來的副作用。其實我們不禁要問，這真的是文明嗎？

無電無燈無化學人類的萬年，即使戰爭連連，總是可以春風吹又生。而這有燈有方便的一百多年，山川大地，河海天空，萬物悲泣。

你說太陽紫外線傷害，我說難道我們無法過濾？就像冷峻山泉可能有微生物，難道我們無法隔離？

大自然的一切足以養育億萬生靈，不太方便的原始，卻也如此美麗。然而孔孟智慧的中庸早已點化咱們，可避其害，而取其利。

這些年，五子登科的我早已可退休了，但我卻燃起了那一股熱情，希望能為天地做一點事，為人類盡一點心，全力投入利益蒼生的光之志業。

元照，是天意，也是我的心意，

更為點起那希望的火炬，照亮那日月呵護的天際。

張眼看那亮麗的彩蝶，在那地水火風循環的空中，翩翩飛起。

◎ 我是你的眼

文 / 張麗蝶

人越半百，不一定知天命，因為這是智慧的結晶。但，一定能明白歲月不饒人。2017 年 10 月的一個夜裡，與夫君開車途經屏東大橋，突然發現燈怎麼這麼暗。我在想，是否我老花了，去配了眼鏡，但結果並沒有比較好，依舊看不清楚，而且越來越糟糕。很渴，喝很多水 。最高紀錄一小時可以上 20 次廁所，眼前越來越模糊。

夫君提醒是否與血糖有關，到了醫院才知震撼。醫生說指數高到五百多，吃藥不會有效，直接打胰島素吧！

人在恐懼加茫然的狀態中，各種汪洋中的浮板都是希望，哪怕是一個保特瓶，哪怕是一片葉子。

各種謠言滿天飛，但我嘗試了一項傳說中的東南亞一種植物「優遁草」，一次 30 片葉子加一顆蘋果，直接打汁，每天喝，兩週後飯前就將指數變為八十了。這樣的奇蹟，如果不是貴人助，如果不是上蒼庇佑，我想我可能隨時雙目失明甚至客死異鄉。當然我不是要宣稱療效，也沒辦法為誰廣告，只是這樣的感動，我必須向老天稟報。

人生經歷這樣的體驗，我想是天地安排的歷練，希望讓我明白生命的無常，希望讓我堅持可以奮鬥的方向，不為金錢再翻騰，只為正氣一縷魂。

活著，真好。看得見，真好。

在神明的引導與指示中，我扛起了任務，更認真的推廣與拓展

CCFL 太陽燈。別說什麼神奇的效益，只要減少了傷害，不造成眼睛的負擔，就是對人類的幫助。

眼睛的虹膜反應著全身的狀況，同樣的，眼睛的狀態也牽引著身體健康。眼睛為靈魂之窗，豈能不看顧好這兩扇天造之窗。

在銀行業的 20 年光景，成天在辦公室裡望著電腦，乾眼症、偏頭痛，身心疲勞應有盡有。雖然當時的我擁有人人稱羨的超高薪，我卻毅然決然的放棄了。

就在六年前投入了原本全然不知的陌生領域，這對任何事而言都是匪夷所思的行為，不是很神，而是簡直就是神經病。

但，我確實無法抵抗我來自心底最深層的聲音，那是無法抹滅的責任，更是無法後悔的使命。

2018 年，我結束了股東眾多的紛擾機制，因為意見太多阻礙前行，正式獨攬大局，決定了一切。樹的方向，由風決定；事業的方向，由我決定。而這樣的決策，不是為了自我的滿足，而是真理就是真理，無法爭議。

要說這是事業，不如說是志業。我必須把全世界的專家都已明確認知的肯定，全力以赴的推廣出去。此刻 CCFL 雖為非主流，但光源的革命已然開始，相信在那不久的將來，就能成為主流。

因為謊言的矇騙都是暫時的，智慧高超的人類總會覺醒。

歷史，

一種是別人的感受，

一種是自己的想法。

你不為自己正聲，

那就難免被誣衊。

你不為自己漂白，

那就很自然會被抹黑。

真正的歷史，

必然是在時光隧道裡，

但沒人能記得。

歷史必須寫在書裡，

才有穿越時空的可能。

自己的歷史，

就要呼應自己的心意。

我沒有要學愛迪生的行銷自己，只希望元照科技的努力，能夠照亮所有有緣人的視野。

希望你看見我，不是希望被發現，

而是你想要的世界，我願是你的眼。

◎ 鈦汞傳奇

文 / 張麗蝶

秦始皇是中國第一個皇帝,當秦王 25 年,稱帝 12 年,總共擔任帝王 37 年,卻只活了 50 年。

一堆人希望他死,刺殺多次命不絕,卻是死在不老藥。

慢性中毒身亡,是秦始皇真正的死因,統一了文字,統一了度量衡,建構了萬里長城,卻死在長生不老的白日夢裡,而這不老藥就是練丹術裡的水銀。

水銀就是汞,有水之性,有銀之情,是那夢想與美麗虛幻的化身,誤導了視覺,如西施如貂蟬,顛倒眾生。是珍寶也是劇毒,是玫瑰也是刀劍。

原子序 80 的過渡金屬,充滿執行力的天性,是常溫下唯一液態的金屬。沸點只有 356.73°C,於是是真正熱血的變形金剛,容易沸騰。

就因為這樣的特質,汞被裝入了燈管,以電擊激發觸動了光亮,卻也在製造與回收時,形成了污染。

汞的融合性,就像當年統一中原一般,大多的金屬都會熔在汞裡,形成了合金,產生了不一樣的特質。

而在鈦合金的能量破表之際,如同鈦金的神祕。我們將鈦汞合金形成了固體,成為燈管裡的發光材料,有效的解決了汞污染的問題,不再讓汞液與汞氣四處流竄。高效率、高經濟、高環保,這樣的三高不會造成身體問題,反而讓人津津樂道。

LED 是目前的主流市場,但 LED 衍生的問題不容忽視,而我們

就是要用太陽光般的自然濾掉紫外線，濾掉藍光，還給下一代明亮無負擔的希望，用 CCFL（Cold Cathode Fluorescent Lamp）冷陰極螢光燈管取代 LED。

這樣的技術在我的 T1 科技照明工廠裡一條龍生產，也在 2012 年獲得了創作發明金牌獎。當然 CCFL 對大家而言都是陌生的，就像鑽石的學問，懂的人是很少的，而安非他命、搖頭丸、K 他命，卻都是耳熟能詳的。就因為好事難出門，禍害千里傳。

我有個使命感，必須讓家家戶戶都能感受陽光的溫暖。我不是野人，但卻願意隨時隨地野人獻曝，讓大家明白「愛，就是那個光」。

不同的溫度，就有不同的狀態。

不同的對待，就有不同的期待。

二氧化碳是地球的重要循環，適度就是安和樂利，過度卻是溫室效應，冰山消融，海面升高，島嶼吞噬。

當二氧化碳成為了固態，是冷卻劑，是舞臺煙霧的夢幻時代。

在那臨界點，二氧化碳卻是萃取物質最無毒的超臨界流體。

天生我才必有用，只是看你怎麼用。

天下萬物皆有才，只看是愛還是害。

煉丹術是偉大的，卻不一定是給人吃的。汞與鈦的結合，也是煉丹，卻是給人看的，感動而利益蒼生的。

秦始皇的傳奇終止於煉丹術，汞鈦傳奇卻為蒼生而開啟。

我是張麗蝶，咱們一起努力。

◎ 我的天空

文 / 張麗蝶

大自然給了我們好多的愛，

我們都還來不及認識，

就不斷的喜新厭舊移情別戀。

天地難免傷感，偶爾啜泣，偶爾震怒，偶爾瘋狂，持續發燒著。

期待著人類癡夢醒來，

這一切難得的愛還能存在。

小時候的天空，放眼望去繁星點點，讓人們即使在寧靜的夜晚，也不會感到孤單寂寞。

數十年後的今天，都市的天際，偶見殘星，已是幸福。

為什麼？難道是空氣污染的阻隔？不，這只是小部分的干擾。

而是那光害的效應才是真正令人煩惱。

屋內屋外，甚至還隨身攜帶。

光害，已然無所不在。

波長越長，頻率越小，能量也越弱。於是紫外線的能量比可見光強，而可見光裡的藍光介於「400-500nm」，已貼近紫外線，於是長時間接觸，對於眼睛勢必有所傷害，在網路中已經能夠輕易的搜尋到相關報導。最常見的就是黃斑部病變而導致失明的可能，於是各種濾光鏡，避免紫外線、藍光的傷害。

然而，在生活中，我們不是只考慮著過濾，而是必須思考著源頭。運用不同的光源，達成各種我們要的目的。畢竟陽光、空氣、水，就是生命存在的最重要條件，活在明亮的環境中，而不為其

所傷害。

我們要的是快樂踏實的自由，而不是光波所激發的自由基殘害。如果在我們的家庭屋宅，建築物裡都能用著適當的光源，那才是少了自由基的自由。

如果有一天，我們在夜裡拉開窗簾，仰頭一望不再只是月亮，而是星光熠熠，如同自己的星座守護神，在那遙遠的地方默默的給著我們祝福，那才叫幸福。

星星、月亮、太陽都是光，
對於生命的意義卻都不一樣。
萬家燈火都得亮，
只是亮的波長不一樣。
而我奮鬥的方向，
就是那道光，只存希望，不帶傷。

◎ 畫家

文 / 彭瀞

生命中的記憶，大多數的人都是想記的記不住，想忘的忘不了。而我腦袋硬碟似乎有一種自動刪除的功能，想忘的都忘了，我很難回想起所謂的美好，因為太少。

在桃園觀音鄉外公家待到國二，國三才遷往平鎮。若說能記起來的，就是那經常攀爬的蓮霧樹，偶爾摘取那青綠的果實，提早感受人生的酸楚。

外公、外婆種了很多菜，沒有一項我叫得出來，只記得那埋在土裡的花生，如同我說不出的願望，期待那所有的好事發生。

媽媽到駕訓班學開車，包包掉了，一場慌亂，烙印細胞。

爸爸喝醉，用水果刀射著牆上的自畫標靶，深刻心底。

其他的記憶早已在那媽媽結束生命的衣櫥裡，跟著埋葬了。

那一天，我夢見媽媽的遺像，那是令人淚崩的影像，似乎依稀告訴著我：「孩子，你要堅強，媽媽不在身旁，卻會給你力量。」

這樣的際遇，很難正面，但媽媽的兩句話，卻是我支撐所有歲月的骨架。一句是「別學壞」，一句是「我愛你」。

即使生活再困難，我都不允許自己偏離為人處世的格調，就是媽媽的那句「別學壞」。我不愛哭，因為我恆久深藏著媽媽的愛，再憤怒都能維持著優雅的修養。

我印象最深刻的一本書是《我是自殺者的遺族》，因為我也是。但我不是在找共鳴，而是尋覓那療癒自己的出路。

在情感的路上，我不喜歡那黏著劑般的糾纏，只盼望那精神上

踏實的陪伴。因為存在的溫度，若不走心共振，再熱絡也顯荒涼。

從小，我沒有任何培育自己興趣的正規訓練。但，**望著孟克的《吶喊》，我聽到了他內心深處的尖叫；看著米勒的《拾穗》，我知道生命的基本需求溫飽。**

我真正的夢想是成為一個畫家，不必流傳千古，也得感動當代。不是要畫出那毛骨悚然的悲情，而是那勇敢的靈性。

在書法楷體的筆觸中，我不斷的練著那個「一」，因為我清楚這一輩子，我一定不能白來。雖然難免孤獨，卻也因此鍛燒出了我的專注。

人的臉真巧妙，五官不是一個，都是一對。你說鼻子只有一個，我說鼻孔有一雙。你說嘴一張，我說雙唇上下合。於是在眉、眼、唇的刻畫中，我滿足了我在繪畫上的渴望，並且擁有了今生最重要的「成就感」，陰陽調和的平衡是我獨到的領悟。用快樂取代哀愁，用生動取代呆板，用自然取代僵硬。

先求有再求好，萬事萬物皆然。

你把一切弄的自然，順利就會慢慢理所當然。

生命可以複製的是皮毛、血肉、骨架，甚至於每一個細胞的DNA。

精神也能模仿，唯有靈魂無法複製。

若問我的紋繡功夫獨特之處，那就是我有一個天賦本能，勾勒出您靈魂的特質，在那一顰一笑中也能綻放盛開的韻味。

花若盛開，蝴蝶自來。

你的精彩，我來安排。

◎ 如果不勇敢 誰替你堅強

文 / 彭瀞

在我的生命裡，我唯一的選項就是「勇敢」，因為我清楚「我如果不勇敢，沒人替我堅強」。

現在的名字不是我的本名，然而我想再改一次，而這件事也不必再與誰討論，因為我就是自己的家長了。從小父母離異，母親再婚，父親的距離越來越遠。卻也在多年前母親選擇結束了自己的生命，母親節我也不知送禮物給誰了。

我感恩父母把我生下，並且給了我一幅如古典畫般的外型，在悲觀的血液上，穿上了雅緻的外衣，更有著超越同齡的成熟靈性，在那清高自許的魂魄中，尋找著自己。

茫然，是我多年來的課題。最親的人是弟弟，是我目前唯一深刻的相依。

在長庚科技五專畢業後，我清楚我自己並不喜歡面對那血淋淋、病懨懨、無奈淒涼的場景。因為那將加劇我負面的思緒，於是在診所跟診擔任護理人員一年後，我選擇正式逃離。

我在自力更生的波浪中載浮載沉著。在永慶房屋，我想著打造自己的城堡；在震旦通訊，我試著打電話給上帝。其實，我是在找自己的夢想，因為我突然在想，我似乎根本沒有夢想，甚至從來不曾為自己著想。

終於，我遇見了我生命中最重要的貴人，睫是美的創辦人陳玫誼老師，開始將我真正有興趣的美麗藝術落實在工作。不但將以往陸續學習的技能深耕，也真正在實戰上有了根基，美容、美甲、

美睫、紋繡，我已駕輕就熟，似乎在這個時候才找到了自己生命的方向與意義。

如果你問我，我最愛誰，我會毫不猶豫的告訴你，就是陳老師。因為在這個過程中，她每天都在灌輸我正面思考的吸引力法則，要我轉念。雖然嘮叨，雖然很硬，雖然壓力很大，但我確實感受到那真誠的愛，不矯情，不造作。

一起哭，一起笑，一起累，一起面對問題，一起克服困難，就像我第二個媽媽。這種真實的感受，有著一種踏實的幸福，平凡的快樂，並且開始找到了成就感。

在陳老師的推薦下，我參與了言武門生命靈數的課程，這時我又發現了我在命理哲學上的天分，並且拜師入門。原來一切的發生都是最好的發生，正面的思考就有正面的軌跡與結果。心想事成，不是許願，而是行動已思，必如已願。

用能力建構價值，是自然。

用價值扭轉能力，是智慧。

墊高自己的價值，

就能衍生新的能力。

不同的高度，

有著不同的空氣，

空氣是稀薄了，

卻能更順暢呼吸，

思緒更清晰。

因為，沒有太多人

會在那與你搶空氣。

機，為樞紐，為關鍵。

時空巧會，是為機會。

「機運來時，你剛好會」，方能掌握機會。

不曾學習，沒有磨練，何來機會。

天下最慘的事，不是沒有機會。

而是「機會來了，你卻什麼都不會」。

我努力著，朝著好不容易遇見的幸福，不願在那汪洋中沉浮，而是彭然大漠裡，不迷失於若真卻假的海市蜃樓，給自己一個勇敢的嘉許「我一定可以」。

因為我真的知道「如果不勇敢，誰替你堅強」？

◎ 白色

文 / 彭瀞

　　單純，是我靈魂的選擇，是我潛意識裡的習慣。就像聲音，我喜歡寧靜；就像筆畫，我喜歡一；就像味道，我喜歡原始。而那五顏六色，七彩繽紛，我不排斥，卻鍾愛「白色」。

　　白色，是太陽，是無私而不停息的奉獻，是燃燒自己照亮別人的熱情。

　　白色，在數字能量上是 9，是大愛，是所有色彩的融合，沒有突兀，只有平衡。看似什麼都沒有，其實卻是最飽滿扎實的擁有。

　　白色，是醫療者的外衣。在醫生白袍的內在，應是那菩薩般的心腸，而非利益。就像白衣大士，觀世音菩薩，救苦救難的廣大靈感。

　　白色，是歸零的學習，是無限可能的創意。你希望成為什麼顏色，什麼圖騰，全看你心念的緣起。於是我們發現，白色就是心想事成的根基。沒有預設的立場，只有前進的期待。

　　白色，是淡然的空白，是遺忘所有的療癒。在那無始以來的創傷記憶，都可在那瞬間一念漂白。

　　生命何其短暫，如同一張畫紙，再大也有範圍。於是我們豈能在上面隨便塗鴉，親手造就那無意義的浪費。

　　年輕不要留白，但絕對不是群聚終日的無意義度日。而是「勤有功，戲無益」的努力。

　　自信，是一種勇氣，也是既有條件的自知之明。從荒漠裡的茫然中，全然沒有自信的自己，也是我的曾經。我在見不到浩瀚的

框架裡，活在自己的巨塔中，仰望的永遠只是小小的天際。

我曾經像極了井底之蛙，也曾經在井底自得其樂，直到井水已然乾涸，我只能奮力彈跳而出。但不論我怎麼努力，總是與井口有著那麼遙遠的距離。

突然，有一天，井口掉下了石頭，我閃躲，不讓自己被擊中，突然我發現我可以站在石頭上，墊高了自己，拉近了與洞口的距離。原來石頭不是傷害，沒有被打到，反而是助力。於是我一次又一次的練習，終於見到了外面的世界，翻轉了自己的命運。

這時我才明白，**絆腳石與墊腳石都是同樣的東西，只是你用什麼心態面對而已。**

跳出了井外，那樣遼闊的視野，那麼廣大的天地，我瞬間明白了「白，並不是黑白，而是無限可能的絢麗色彩」。

想要精彩，就別無精打采。
可以輝煌，就別等待泛黃。

◎ 羽毛

文 / 彭瀚

我不喜歡唱歌，只喜歡在書籍裡找尋旋律，只喜歡在文字裡譜下歌曲，因為我只有弦外之音，天神之曲。**在那凡間，我只唱《倒帶》。**

倒帶，在生命裡，當然是奢望的期待，但我只是在找我錯過的精彩片段，希望用那可能的未來，填補那所有一絲絲的遺憾。因為那所有的一絲絲，拼湊起來，已是我的全部。

有人唱《明天會更好》，

有人唱《如果還有明天》，

有人唱《何日君再來》。

我都不唱，因為我不確定有沒有明天，只能全力以赴在今天。

我不期待君再來，即使相遇第一次，也當最後一次的對待。

留下精彩，不必重來！

在求學的階段，我唯一的興趣就是打羽球，除了這是一個很棒的運動以外，也因此可以認識很多思維健康的朋友。

拍打著羽毛編織的羽球，我更覺得是一種讓夢想目標接力不掉落的合作，對著目標揮舞，看著夢想飛翔，而自己就是讓一切前進的推手，深怕在自己的手上斷送。

與其說是競爭，不如說是鼓舞。與其說是比賽，不如說是共濟同舟。在那白羽凝聚的力量中，找到了希望，遇見了快樂。

羽球不會自己拍打翅膀，

卻因為攻擊而飛翔。

羽球不會自己前進，

卻因為競爭而有了方向。

我從不計較輸贏的數字，卻在這個過程領悟了生命的哲學。在那細膩觀察羽球的感受時，我不禁在想「究竟是羽球是我，還是我打羽球」。

又想起了媽媽的那句話「別學壞」，於是我愛惜著自己的羽毛。更想起了媽媽的「我愛你」，於是每一個揮拍的動作，我用的不是力道，而是愛。

當我看著客人的眉毛時，我想的不是圖騰，而是海鷗的翅膀。

當我看著客人的睫毛時，我想的不是稻草，而是喜鵲的羽毛。

人們不想逆水行舟，總是祈禱著幸運。

人們不想高空折翅，卻不知如何愛惜羽翼。

一路的艱辛我走過，所以明白女人的期許，於是我當然願意滿足一個女性在那談笑間就能展現的亮眼明眸與幸福。

給你青春美麗的恆久存在，

不必倒帶。

◎ 瀰

文 / 彭瀰

2018 年 6 月 4 日，在師父精心的引導裡，在眾多的選擇中，在那空襲警報響起的瞬間，我為自己選了一個直覺上最喜歡的名字，於是從這天開始，請所有的朋友連名帶姓，叫我「彭瀰」，因為這才是完全符合我本質的姓名。

> 彭城一開狂奔馳
> 瀰然思緒闢洪荒
> 轉念瞬間無滄桑
> 運行己志耀滿堂

我不喜歡吵雜的聲響，不喜歡人聲鼎沸的喧嘩，不喜歡交錯重疊的旋律，不喜歡毫無意義的耳語，更不喜歡自以為是的高論。不喜歡一般人的喜歡，只喜歡——安靜。

恰若無聲的幽波，在那孤寂的岸邊拍打。彷如那自在的清風，在那群聚的垂柳間穿梭。沒有呢喃，沒有嘀咕，只有那爽朗的胸懷在水底嘶吼，沒人聽見，我卻震盪心上的耳膜。

瀰，是行動中的沉思。

瀰，是知足進取的隨緣。

瀰，是滋養真情的淡默。

瀰，是智慧茁壯的覺醒。

瀰，是真正轉念的火候。

我喜歡！

轉念，談何容易？

不讓轉念成為口號，形如空談，

那就必須有「明確的下一個目標」出現。

忘記，談何容易，除非你不在意。

即使失去了記憶，已然存在細胞裡。

你想忘記的，必然是困擾痛苦的，

越想忘，就越記得牢。

那麼不必刻意忘記，只需專注在你下一個標的。原來，忘記必須放鬆，放鬆必須忽略，忽略必須不在意，不在意的祕密就是「專注」另一個你。

在生活點滴，我比大多數的人們多了更多的苦楚。在心靈深處，我比時下大多數的人們體驗了更多的轉折。

就是因為太繁瑣，我掙脫了枷鎖，開始學習給自己鑰匙，開始練就為有緣人解開煩擾的功夫。

在靈魂之窗的眼簾，種下美麗的睫羽。在運勢之標的眉宇，刻畫精彩人生的註記。

在紋繡、美睫的世界裡，我不只給您美麗，更為您寧靜而快樂的思緒與心語雕塑幸運的吸引力，因為我是您不曾遇見過的「靈性美睫紋繡師」。

淨化您的靈性，平靜您的思緒，

盡在我彭瀞舉手投足的每一筆。

◎ 幫助

文 / 黃子熏

媽媽是美髮師，家裡開美髮院，生意興隆。從小學二年級開始，我就開始幫忙招呼客人，幫人洗頭。這時候我就正式學習了待人接物的應對進退。客戶服務的精緻度已開始正式雕琢，提早明白了人情世故。

若說我沒有童年，太悲催。應該說我的童年都在磨練大多數人學業完成之後才會開始學習的社會歷練，對我而言應該是件好事。

高職學習資料處理，晚上在夜市賣衣服，天生的視覺美感敏銳度，所有的客人都喜歡找我為她們挑選搭配。漸漸的我發現工作賺錢已是我生活的主軸，於是我轉念夜間部，白天成為中華電信的約聘人員。

極致到位的服務，很快的所有人都被我的笑容征服了，所有的櫃檯，我的最熱鬧，雖然是照號碼服務，卻是客戶寧可等待而堅持的唯一選擇。看似被霸凌，我卻樂在如此的被肯定，因為此刻我明白了客戶服務滿分的實際狀態。

畢業了，輾轉複雜的過程讓我進入了美容產業，並且如魚得水，迅速的出類拔萃。不是因為外型具備說服力的甜美，而是靈活客服的積累，更加上各種專業知識與技能的學習與練就，從來不曾馬虎過。

輕輕的透露，所有美容業界要教不教吊起來賣的各種傳奇功夫，我都會，應該說沒有什麼我處理不了的皮膚狀態。於是我的連鎖美容系統就這樣建構了起來，帶了一波又一波的團隊。

　　在我的領導過程，我是完全以對待家人的方式運作，不談管理，而是以心印心的對待。當然，結局偶爾讓人失望錯亂，但我不敢後悔，甚至傷得再重，也不改初衷。因為，幫助本來就是我的中心思想。

　　美容產業裡，一堆人找我合作，看到的就是我的各種資源、經驗與能力。經過這麼些年，我決定走一個完全不同以往的路線，不再受制於人，不再濫情用事，結合真正情義相挺的夥伴，幫助更多需要幫助的人，找回人性原始的純真，打造真正身心靈良善、安然自由的平衡之美。

每個人都有自己的功課，

有時很容易，有時很困難，

其實，很容易的還算功課嗎？

於是我清楚，我的功課就是「愛自己」。

因為，當你不愛你自己了，

你能愛誰？

那愛是什麼？

即使斷氣，仍在守候。

我是黃子熏，我願意幫助你，因為這就是愛我自己。

◎ 重生

文 / 黃子熏

　　我在三重的臺北橋下孵化、孕育、成長、茁壯。層巒疊翠的精彩生命，一重又一重的重創與打擊，似乎完全符合這個地名的屬性。然而，**關關難過關關過**，我相信，難過總是會過。

　　在故事的開始，我實在不想這麼淒涼的開頭，只是那般淒美的過程回首，確實很難不落寞。如同臺語俗諺「美人無美命」，我卻也只能感恩那美麗的錯。

　　輕輕回眸，萬般感受，
　　如同李白「早發白帝城」所言
　　朝辭白帝彩雲間，千里江陵一日還，
　　兩岸猿聲啼不住，輕舟已過萬重山。

　　炎黃子孫拓枝葉
　　熏熏燃起夢想苗
　　焚膏繼晷把命催
　　未至終點不彎腰

　　太多的故事，不堪回首，於是這篇文章我省略五萬字，一起遺忘那只有過往時空所需明白的事。

　　一路，我做著被安排好的事，演著我不喜歡的劇情，扛著我不想要的角色。

　　人生的路，如果只有奮戰，我想我不曾輸過。但在內憂外患背

腹受敵的情感路上，很尷尬的，我從沒贏過。

親情太矯情，友情太無情，愛情太絕情。這三情弄得我嚴重懷疑自己，是否只剩癡情。

在祖先長輩的歷史情分交割中，我姓蔡三十載。而後人事消長，我開始姓黃。然而，姓為源，亦為根。單純如我，姓的文字不是我的歸屬，而是圍籬之內和樂與向心力，才是我真正的唯一在乎。

看不見的力量在糾結，看得見的矛盾在阻礙，我像是被叫上臺高歌的舞者忘我揮灑，卻在演出的中途，伴奏者變化了曲目。我，反應不及，情何以堪。

我渾身是血，刺痛難忍，卻也只能獨自煎熬，在幽暗裡舔拭著傷口，體會一波再一波的強浪。好幾次，我瀕臨沒人能夠理解的崩潰邊緣，但我告訴自己「我的未來，我自己決定」。

就在萬念俱灰、絕望透頂的時刻，我的主神終於降臨，進入了我的生命，給了我智慧，更給了我面對一切的勇氣。

這一刻我忽然明白

爐火純青之心才是情，過去的用情是濫情，未來的用情，專注在那恰到好處的慈悲心。

生在三重，不是重點。

重點是「我已重生」。

◎ 代言

文 / 黃子熏

代言，是我的本能，也是天命。

從進入服務業的第一天，我就開始為所要推廣的商品代言。

不是矯情懵懂的謊言，

不是為了換取利益的胡言，

而是用真性情、真感受、真明白，給予所有被服務的客戶最真誠的體驗。

最重要的，我還附上了最溫暖燦爛的笑顏。

我不是演藝人員，也不是名模，但我代言，卻也不會產生誤會的尷尬之言。

不懂，不代言；無感，不代言；欺世盜名，不代言；顛倒是非，不代言。有所代，有所不代；有所言，有所不言。

代言，是一種肯定，是一種榮耀，卻也因此必須更加莊重其事，不濫言。如同言武門的門規：「謹言慎行心合一」。

在我的事業裡，我為自己的商品代言，為自己的服務代言，為自己的團隊代言。代言已是我身、心、靈一體的基本習性。

宗教，經常與家庭教育有關，有時是一種感染，有時是一種傳承的自然。很多人還來不及選擇，就已經被奠定了習慣。家族的信仰是什麼，父母的信仰是什麼，自己的信仰就是什麼。

師父曾說：「這世界可以沒有宗教，但是生命不能沒有信仰。」

這句話，我思考了很久。確實，宗教若只是一個儀式，那麼似乎顯得毫無意義了。信仰，若不曾深刻感受，那麼也必然無法根

深蒂固。而我的信仰，就在實際的體悟中被幫助、被啟發、被延伸。

緣分的牽引有時是那麼的水到渠成，有時卻又是那麼的不可思議，如人飲水冷暖自知。因建構而信賴，因臣服而仰望，那才是信仰的自然。

人體是物質，也是靈性的介質。在音聲的頻率中，人們有其限制感受的範圍。在影像的光譜裡，人們也有能夠看見的波長。其餘的一切，無法見聞。於是各種層次的靈性便必須依附人體，而充分表述。這是大多數人敬畏的玄妙，卻是不難理解的自然。

是人，就說人話，

別說禽獸不如的話，

更別說神話與鬼話。

藉神鬼之說，欺世盜名，不會有你的太平天國。

明明就是你在胡謅，何必說是佛說。

假誰之說，不如自己說。

既然已說，自己負責。

而我卻在代言了一切之後，也代言了天上聖母的慈悲，這是喜悅，這是福報，我很感恩。

從來沒有的平靜與堅強，在我的軀體流淌。從來沒有的勇敢與穩健，交融在我的魂魄裡激盪。一道光，一閃念，洗滌著我的五臟，充電了我的臂膀。無以倫比的感受，清空了所有的驚惶。

文字不足以臨摹，言語也難傳述。

但我願意奉獻自己微薄的力量，以報上蒼。

《金剛經》：「一切有為法，如夢幻泡影，如露亦如電，應作如是觀。」

普朗克：「這世界根本不存在物質。」
既然一切的結果都是短暫的現象，那麼請細膩品味過程。

沒有誰屬於誰，
只有願不願意跟隨。

給自己也能感動自己的作為，
就是當自己需要幫助時，依舊奮不顧身的盡己所能行幫助。
需要幫助時，就是虛弱之刻；
可以行幫助時，就是強盛之態。

努力讓自己經常強盛，
就能減少虛弱之機會。
助人，就是真正的自助。
自助者，天助。

◎ 恩

文 / 黃子熏

因心而行謂之恩。

在心的最深處，千古不變的信念，就是習性。有心必知恩，無心必混沌。有心則有感，有感必感恩。

走過千山萬水，不如心頭好風水。

抹去狼倉垢首，不滅胸口一念恩。

用那河海清泉照亮我的臉，豈知波瀾壯闊找不著邊。感恩父母培育了熏然的秀麗，感恩天地滄海桑田壯碩了我的肩。

一生追夢九號人，兩頭雙子擾塵念，

三杯黃湯穿腸過，四季志恩植心尖。

不怨來時路，不祈天悲憐，

望女亭玉立，輾轉將成年。

無求寒問暖，無求膝前歡，

青春蕩漾日，踏實每一天。

生存仍需天意，生活也得努力。

能夠午茶論是非，誰願奔波汗淋漓。

可以無腦談八卦，誰願絞盡腦汁，肝腸寸斷，只為明日有幸醒來的存糧。

人生，確實很多無奈。人生，確實經常不從己願，但這就是娑婆世界的無常真相。

多少個日子，我掩面痛哭。

多少個夜裡，我撕心裂肺。

多少個轉角之處，幾近毀了自己。

但，我奮力讓自己重新啟動脈搏，恢復心跳，尋回了呼吸。因為我知道我絕對不能放棄，不能姑息黑暗的勢力，不能忘記我的責任，不能在你依舊懵懂摸索的階段，擱置了你。

即使八風胡攪，

亂了我所有的排序。

即使指鹿為馬的誣衊此起彼落，

即使人性貪婪的醜陋鋪天蓋地，

即使我已忘了我自己，

但我不會忘記今生最愛的永遠是你。

不是因為我是你媽媽，

而是因為你是我孩子。

你有著與我將近完整複製的輪廓，

有著與我一模一樣的倔強，

卻是曾經失散多年般的陌生，

遠若天際，

彷如隔世。

我沒有奢求，只盼你平安健康的長大，正思維，慎行為，成就自己，幫助別人，足矣。

這一篇，是家書，也是情書，不是遺書。但終有一日，生命會到盡頭。

翻到這一頁，對你再說一次：

孩子，媽媽最愛的永遠是妳。

今生今世，感恩有你。

◎ 機會

文 / 黃子熏

每個人都在尋找機會，都希望能夠被幫助。

但不曾播種，何來果實？

每個人都希望別人真誠的對待，都希望能夠好運。

但卻沒問問自己，夠格嗎？

遇到災難時，都問為何是我。

看到別人幸福，總是酸葡萄。

何不反過來？**不幸的遇見，要問問為何不能是我，看見別人幸福，要慶幸世界又增添了甜蜜。**

走過了越挫越勇的歲月，進入了越戰越強的日子，我似乎明白了，這一切都是磨練。堅信一路走來的信念沒錯，只是要適度調整前進的方向，才能真正落實「在機會中幫助別人，在幫助中鏈接機會」。

別笑看我柔弱的身軀，別窺探我清澈無瑕的雙眼，其實我什麼都看得很清楚，只是總希望給人性多面的不完美一點機會。不改初衷，**繼續幫助**，因為這就是我的使命。但我卻必須更務實的學習，將有限的資源、精神與時間，耗用在更有意義的人事物上面。

建構了「元天生技時尚美學」，推動著「聖興靈數」，將上天給予的使命，堆疊「言武門」傳承的智慧，再結合團隊共識的正念思維，以幫助為前提，熱情拓展那共襄盛舉的機會。

我們不呼喊那虛無縹緲的口號，不刻畫那沒有味道的大餅，只有一步一腳印，前進那我們可以看見並且可以掌握的前景。

　　我們不貪快，不求多，因為我們只想要那每一個分寸裡，都能擁有天地萬靈的認同與祝福。

　　從頭到腳的美，從內到外的健康，從心靈到軀殼的同步，從物質到能量的整合，從自我到人際的提昇，從古典到科技的流竄，從藝術到生活的實戰，從成長到生根的教育。

　　我們有著堅實的後盾，更有著團隊榮辱與共的堅強。

　　這是多麼令人興奮的嚮往，當你踏進，你會發現，

　　「你以為的都一樣，其實統統不一樣」。

　　投資不一定對你有幫助，

　　幫助卻必然是一種投資。

　　我願意幫助你，但你必須給自己機會。

◎ 一個茶壺四個杯子

文 / 葉珈寧

在小學一年級的手工勞動比賽，我用「一把剪刀，幾張白紙，一卷透明膠帶，一支膠水」，做出了「一個茶壺四個杯子」。

這套極致而富有靈性的作品，奪得了珠海市的一等獎。

三十年了，記憶卻猶如昨日。

是成就感，卻也是失落感。

因為我曾不只一次再度嘗試複製當年的那套茶具，得到的卻是恍如隔世的差距。我突然明白了人們總在說的靈感，那是天時、地利、人和的共同創造力，而非只是人為的能力。

也得人，也得神。

沒有一批顏色 100% 同樣的漆，沒有一次一模一樣的貝多芬《命運交響曲》，沒有一張全然相同的蒙娜麗莎，沒有一個可以重來的生命。

每一天，都得珍惜。

生命的輪迴，都在因果裡交織。萬般帶不去，只有業隨身。而這個業，包含四種意義：

1. 業力「功過、福報與債務」。
2. 能力「潛意識記憶、前世書」。
3. 習氣「根深蒂固的觀念與習慣」。
4. 創傷記憶。

除了這四種，什麼也帶不走。即使想丟棄，卻也黏著你。

業力，大自然自己安排，在命盤裡可以略知輪廓。

能力，需要自己挖掘，所謂天才，就是過去的能力累積。

習氣，就是我們要修煉的重點。

創傷記憶，卻有如臟腑沾黏，越想開刀解決，越是沾黏得厲害。

該還的總得還，是你的，別怕到不了。欲知過去事，今生所受是。欲知未來事，今生所為事。所以不必抽象模糊，不必故弄玄虛。修正自己，勇往直前，必然遇見更美好的你。

近不惑之年，我不嘆年華老去，因為這是自然。

我只希望自己好不容易找回的智慧，不再快速逝去。

「一個茶壺，四個杯子」，得獎了，是努力，也是天意。

今日我終於揭開了謎底。

原來茶壺就是「自己」，杯子就是上述的「業力、能力、習氣、創傷記憶」。

要怎麼斟酌，全看自己。

◎ 生命之樹

文／葉珈寧

　　夢想與現實，總有著很長遠的距離。如同牛郎織女七夕見，依舊隔著銀河互唏噓，盼那鵲橋搭起，時空停滯，擁懷裡。

　　在大學裡，我學的是市場營銷「Marketing」，除了在保險業運作過，在企業聯合會裡服務過，從來不曾當過夥計。似乎注定著我必須在領導的格局裡，創造自己的事業體，不只維持生計，更要親證所學之意義。

　　盡信書，不如無書。看翻譯，不如自己解析。學院與實際的差異，仍舊在那親自體驗的實踐裡。行銷的根源還是得先行銷自己，也才能窺見那暗藏的寓意。

　　君不見黃河之水天上來，

　　此乃「滔滔氣勢皆天意」。

　　敬鬼神而遠之，

　　並非要你狂妄那人定勝天的痴愚之思，

　　而是敬告世人「鬼神必得恭敬，卻非萬事仰賴鬼神，而是必須將大部分的時間精神落實在自己應為之本份」，

　　此乃自助方得天助之真相。

　　我擁有美容師執照，開過化妝品、美甲、服裝店，經營過海外留學公司，投資了珠寶公司。雖然都賺了錢，卻又好像少了什麼東西。

　　左思右想，原來就是沒有在那自己的夢想路上奔馳，沒有在那渴望於幫助別人的大愛中浸潤，於是我終究覺得空虛。

如同魚兒沒了水，鳥兒沒了天際，樹木沒了根基，誰能呼吸？

生命只在呼吸間，我「葉珈寧」，沒了綠葉，如何喘息？

我恍然大悟，如夢初醒。當興趣與責任，當事業與志業都能綁在一起，那麼才有我快樂的思緒。行銷是為了金錢，但我毫無算計的興趣。公司是為了盈利，而我卻更希望贏得人心。如同《商道》裡所言：「做生意，是為了賺取人心，而非 Money。」

而要達成這樣的方向，對我而言，除了心理諮商，引導生命標的，更重要的是複製更多的珈寧，唯有教育。如同樹木，從地崛起，根莖花種果葉皮脂心，都有著珈寧的精神在累積。

於是我用最真誠的情緒，向蒼天報告，成立「生命之樹教育諮詢有限公司」，願在那心念所及之處，走到哪裡，大愛就在哪裡。

幫助的力度，有如春天潤枯木，重燃希望，綻放的「生命之樹」。

◎ 珈寧塔羅

文／葉珈寧

塔羅「Tarot」的緣起眾說紛紜，但確定的是在公元前數個世紀就已經出現了，結合了歐洲古代的文明歷史轉化與宗教信仰的力量拉扯，卻無法真正阻擋這個古典智慧的進化傳承，可見塔羅的魅力。

若說塔羅是占卜，當然也沒錯，只是這就輕蔑了塔羅的價值，如同《易經》之所以沒有在秦始皇焚書之時毀滅了，就因為以為《易經》只是占卜方式，不會影響思維，誰知《易經》卻是中華文化所有一切的根，沒了《易經》，文化凋零。

塔羅因為被宗教給禁止，曾經淪落只是娛樂遊戲的工具，甚至層層演化成為現在家喻戶曉的撲克牌。其實撲克牌的前身就是法國塔羅，四種花色代表四季，每種花色的 13 張牌代表週數，於是 52 張牌就對應著一年的 52 個星期。

但在遊戲的背後，塔羅實際上鏈接著寰宇之間所有的訊息，與你使用的牌之精緻度以及神祕感毫無關係，只在那心念間共振著萬物的頻率。

早期的塔羅牌，每一張都是畫出來的，所以每一副都是獨一無二的。而在印刷技術如此先進的時代，塔羅牌的量產已是毫不費力的輕而易舉。

大學時代，無意間遇見室友有著一副塔羅牌，卻不會運用。在好奇與好玩的心念催促下，我開始買書研究，產生了濃郁的興趣。沒幾天的功夫，解答了整棟女生宿舍內心的疑惑，就這樣一路研

究運用沒停過，到現在。

20年的經驗整合，我累積了越來越多的實際驗證，並且將塔羅、數字、星座、血型融合為一套獨特的決策技術與療癒工具。

在未知的時空軌道裡，總有讓人迷茫無助的時刻，這時候唯一能協助解決的就是「決策學」。

在身心受挫，創傷記憶無法平復之際，生命總需要貼切實用而真正能有所助益的「療癒工具」。

不知來自何方的使命感，我有了一種「幫助」有緣人的決心，希望「救贖」所有恐懼迷惘的身心靈。

珈寧塔羅喚醒你的信心，激發你的智慧，陪伴你勇敢跨越每一個重要的決定。

每一張卡，都是宇宙的訊息，幸運之神給你的方向，恰巧由我為你來解答。

我是誰？

我是你

心靈的燈塔

生命的羅盤

珈寧塔羅

◎ 夢想家

文／葉珈寧

孔子的思維是真、美、善，

老子的順序是美、善、真，

莊子的先後是真、善、美。

這三位飽學之士，成就各自的一家之言，卻也各有不同的切入點與綿延的脈絡。珈甯雖非聖賢，卻也有自己的見地，踏實的在生命的路上落實。

真、善、美這三件事，其實互為因果，互為循環，若非如此必為虛假之表象。於是真、善、美必然同步成長，卻不必奢求其圓滿。

惡中尋其善，浮華覓其真，醜陋砌其美。所有的真、善、美都是從缺憾不足中修煉，從來就沒有一蹴即成的可能。

1980 年 4 月 14 日是我在珠海誕生的紀念日，除了對天地父母的感恩外，也在探究自我的本質。在生命靈數的計算裡，我是 27/9 的夢想家，而這個夢就是給了自己一個天命助人的「美」夢，美化每個人面對生活的心念，不再翻攪於心靈上的困窘。在 12 星座裡，我是隱藏不了衝動的白羊，雖然難免為此而遍體鱗傷，卻也堅持呈現著「真」實的自己，在那「善」良而滾燙的 O 型血中沸騰。

27/9 的夢想家，2 是我外在和諧的表述能力，7 是我內在天賦異稟的直覺力與分析力，這些年來，正努力朝著這樣的方向前進。

小時候喜歡畫畫，喜歡創作藝術品，後來沒有踏上這條路，似乎離夢想越來越遠。然而我的想像力與直覺力似乎可穿越地球大氣的藩籬，在那遙遠的星際恰似根本沒有距離。靈性提升，心理

平靜的愉悅幸福感,變成了我更是渴望的畫面。並且不是對我,而是每一個生命體。

我多麼盼望,在那所見所聞裡不再逢哀戚,在那緣分聚首中都能強化每個人對快樂建構的戰鬥力。

在那塔羅,大阿爾克那「Arcane majeurs」的 22 張牌裡。

我願是那 0 號的愚者,對著生命的一切大智若愚。

我願是那 1 號的魔術師,豐盛自己,燦爛別人。

在那每一個恰當的時機,恰如其分的扮演可以助人的角色,每一種安排,我都願意。

一葉青舟 渡紅塵,

瑜珈寧靜 古魄魂,

若問佳人 何處去,

覺知善真 美修身。

◎ 學習與智慧

文 / 葉珈寧

改變命運最踏實的一條路就是「學習」。

於是從小我就告訴自己，想要突破現況，唯有學習。

學習必須有方向，編織方能成綢緞，

若要精煉鐵成鋼，滴水穿石不慌亂。

只要是我的興趣，都似乎如有神助，學習力的速度有如光速。對於宗教、靈性、心理方面的書籍，我博覽群書，聆聽眾師者的演說與傳授，當然在經過自己的過濾驗證，我已然演化出了自己獨特的邏輯。但不是突兀的譁眾取寵，而是更符合大自然定律與科學原理。

興於詩，立於禮，成於樂，這是孔子闡述學習與修身的三項元素與程序。

閱書如品詩，人際禮上聚，心念若歌謠，隨樂振情趣。

香道、茶道、禪舞、瑜伽、能量舞、脈輪舞、禪修、音樂、靜心，所有相關於靈性成長的書籍與實操，我都接觸而涉獵。當然也在過程中發現一些謬誤與匪夷所思的狀態，然而這卻是我嚐盡天下人性的味蕾，絲毫沒有浪費。

在嚴苛而長時間的領導力口才訓練裡，深度探索自己的身心靈，設立明確的目標。用三個月建構了我第一套教學系統「10 小時學會塔羅牌」，然後正式開始推廣「珈寧塔羅」，只為幫助。

　　由不知漸知，由淺入深，由表面釀內蘊，由學習變教育，由教育轉訓練。我似乎開始有了智慧，清晰了學習的意義，正在那教學相長的生生不息。

　　人不能欺騙別人，更不能欺騙自己。

　　欺騙別人只是自作聰明的笨蛋，

　　欺騙自己就是無可救藥的白痴。

　　智只知日，不知月。

　　只知白晝，不知黑夜。

　　故，白天不懂夜的黑。

　　只知醒，不知睡。

　　只知陽，不知陰。

　　故，世人盡處於「半失智」狀態。

　　靈寐心未眠，夜空燃己護跟隨，

　　拖尾翼，星河明媚。

　　照亮之智，日月可鑑，是為慧。

　　珈寧塔羅，協助你智慧開啟。

◎ 萬物之原理

文 / 魏東慶

萬物皆有其規律，都有其原理。

可以物理就不要化學，

因為物理是轉彎的祕密，

化學了就是再也回不去。

可以物理，就不要用藥；

可以雙手，就不要儀器；

可以自動，就別被動。

我有一對明理有智慧的雙親，父親是孝順的兒子，當然就有了孝順的媳婦，媽媽除了打理家裡，也必須協助奶奶的工作，為人修改衣服。在過度操勞的狀態下，腸胃出了很多問題。於是我從小立志成為醫生，不是為了賺錢，而是為了改善媽媽的痛苦。

臺南一中畢業後，我卻沒考上醫科，於是我想重考，但媽媽說物理治療師也很好啊，幹嘛重考？難道物理治療師不需要優秀人才？

於是開始了我物理治療的使命之路，希望能夠扭轉眾人的思維，讓大家知道物理治療才是真正「上工治未病的預防醫學」。在成功大學物理治療系，我扎實的學習了所有根本的實戰功夫，並且在大四深度實習於臺中澄清醫院，與臺南奇美醫院。

這時我更有使命感了，因為物理治療是可以不用湯藥的健康徒手雕塑，在疾病的前、中、後段都扮演著極重要的角色，只是被所謂的主流價值所淹沒、所忽略，難免讓部分這方面的專業人士，

在那不得其志的狀態中鬱鬱寡歡。

然而，知其然，更必知其所以然。於是我前進臺大醫學院物理治療研究所攻讀碩士，整建我的邏輯。從學習到教育，從醫院到開業，從摸索到建構完整的思緒與能力。我必須說，物理治療師的重要遠遠超乎你的想像，甚至不是醫生所能睥睨。

因為生老病死是一種物理變化，雖說那是扭轉不了的生物化學。物理治療卻是一種可以回歸本位、拉長時間、變換空間的偉大哲學。在不久的將來，我會讓你看見，那造福蒼生，感動天地的一家之言。

一路走來，都看得見神的眷顧與帶領，並且都有貴人的扶持與相伴。包含爸媽的鼓勵，明師指引，還有妻子精神上的全力支持。

我告訴妻子：「我想自己開業，但我無法保證成功。」

妻子回答：「我可能沒辦法幫上什麼忙，但我一定為你禱告。」

魏然鴻志東方紅
旭日輝映萬家慶
黃土揚塵速高馳
凱旋鐵騎震鄉鈴

◎ 物理還原術

文／魏東慶

物理治療師是一門非常專業的學問與功夫，對於人們的健康而言，其重要如人飲水冷暖自知。這不單是傷後整復的科學，更是「預防勝於治療，病於淺時止」的哲學。

黃河氾濫，鯀治九年，無功。鯀音滾，圍堵洪水，滾滾江河還復來，潰堤慘敗。

大禹治水十三年，有成。禹音雨，知雨為無常，非規律之順暢。引流排海，疏導無災。

此乃圍堵與疏導的差異。這段故事讓我深刻體悟，人體如同天下，天下之患無法圍堵，人體細川源於江山。回歸人體筋骨肌肉之本位，生命的自在已然流淌。

專業，是不可褻瀆的莊重。常識，卻是必須廣傳的恩典。不可濫用人性弱點而圖利，應以蒼生之渴望而奮戰。於是我開始接受各種演說的邀約，希望將一己之專長給與有緣者正確的養生觀。

不待危急懼潰堤，只在平常斷慌張。

莫於病急亂投醫，卻讓筋骨皆有序。

然而，我的演講都不是在小巨蛋，更不是電視的 24 小時播放。於是，我已計畫將一系列的養生手法與運動細則以及生活概念，用最明確的文字與圖像呈現給大家。

並且，融合有緣的旁系專業人員，包含美容業界、SPA 業界、按摩業界、民俗療法業者，用科學具體的方式以課程專業傳授，不為己之名，卻為蒼生之命奉獻一己之力。

我們不會踏入醫藥相關法令的地雷區，因為我們只談幫助，不著利處。在神之愛的真諦中，腳踏實地。不爭己益，只爭生命的意義。

我正在我使命的軌道上，卯足全力。

於是從此刻開始，我決定將我多年的實戰臨床經驗，以「物理還原術」之名毫無保留，全然傳承。

當我在，
我盡己所能，減少你的傷害。
當我不在，我的愛依舊存在。
格局，不是隔局，不是割據。
格為木之各自成長，兄弟爬山各自努力。
格局不是口號，而是格調超然的合作局面，更是耀眼而奔放的美聲歌劇。

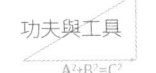

◎ 功夫與工具

文／魏東慶

功夫、武術，是從靜心、專注，基本功開始，而非盡展花拳繡腿。

在物理治療的路上，給予合適的處理，通常就能得到最好的結果。全然物理的方向，有三個方式：1.徒手操作；2.正確運動；3.儀器輔助。

在不用藥物、不侵入性的基本規範下，除了善用上述的方法外，若能運用大自然的物質與簡單的工具，那麼就更能達到「工欲善其事，必先利其器」的實際狀態。

在部分的徒手操作中，滑潤是一種緩衝過程的必須，然而大多的滑潤物質被石化的礦物油脂所攻佔，這似乎無傷大雅，卻也少了生命的滋潤的溫度。於是我選擇植物油脂，翻轉那向下沉淪的力量往上提升。

精油來自於植物，堪稱植物的靈魂，於是我將穿透性的奈米物理效應結合於運動與手法，如同給予那博派的變形金剛全新的能量補給，啟動如同廢鐵的軀體。

我們不特別深度談論緣起歐洲的芳香療法，只談物理治療的身心靈的同步滋養。我們當然也嚴厲譴責那用化學香精與石化合成油的魚目混珠，因為這必然產生日積月累的隱形傷害。

我們有獨立的判斷能力，有清晰的解剖學根據，有邏輯，不抽象，相對安全於經驗價值。用臺灣風俗慣用語來說，我們是擁有現代科學根據的西方國術館。

在主流的醫療系統裡，我們扮演著舉足輕重的角色，但卻是必

須聽命於醫生的配角，這就是為何我選擇獨立開業的原因。因為我不希望自己在價值模糊的灰色地帶裡，被完全淹沒了意義。在法令的規範下，做自己能做的，做自己應該做的事。

比你優秀的人，卻比你更努力。那就進入了牛頓的第一運動定律「強者恆強，弱者恆弱」。

於是我給自己一個加速度，運用我有限的質量，給與自己一個改變的力量。在牛頓的第二運動定律裡 $F = ma$，除了 a 加速度正比於力量外，m 質量的大小也左右了 F 力道，因此我這麼希望著：「希望所有物理治療師都能爭氣，強化自己，壯大自己，那麼我們就不再是可以被忽略的浮游生物。」

這不是爭權奪利，而是在環環相扣的角色扮演裡，找回那應有的尊嚴而已。

很多物理治療的教授與前輩們努力多年，這是多麼令人感動的盛舉，我們無限感激。然而為生命奉獻的幫助中，我們也必須卯足全力。這樣的迴響必然落入牛頓的第三運動定律「有一作用力，必有一反作用力」。

感受別人的感受，是慈悲。

要求別人感受自己的感受，是自卑。

於是，我選擇慈悲而不自卑。

快不快樂，不是別人說了什麼，

而是自己做了什麼。

所以，我選擇快樂。

很多人終其一生都在問自己「我是誰」？

以為這是領悟。

其實，我是誰不重要，重要的是：

我該做什麼？

我能做什麼？

我又做了什麼？

我是，魏東慶，正在為物理治療師發聲，更為神的愛深耕。

◎ 戰神與我

文 / 魏東慶

　　提起跆拳道，在臺灣，不會有人不知道臺灣戰神朱木炎。2004年雅典奧運朱木炎一戰成名，一舉奪金。這是多麼令人雀躍的事，回首14年前，至今依舊沸騰，因為這樣的成果與殊榮，確實是多少艱辛的歲月淬鍊與細膩攀爬的軌跡。在那戰場上的舉手投足，不只必須技壓群雄，更需臨場智慧的清晰展現。在朱木炎的每一場賽事中，我看見了如同《孫子兵法》於拳腳功夫的細膩呈現，為之讚嘆。

　　2007年我在左營國家運動選手中心服替代役，緣分的安排讓我為2008年北京奧運的跆拳道代表隊使上了棉薄之力，為維護所有選手的最佳狀態，著實如臨深淵，如履薄冰，戰戰兢兢。就在這時候，有幸與戰神成為了好友。

　　臺大物理治療學系柴惠敏老師定期的都會南下指導，於是我有幸在實際臨床上更堆疊了寶貴的經驗。

　　運動員不是病人，卻是比病人需要更多的呵護與照料，因為他們都是賽場上的勇士，每一個細節統統馬虎不得。

　　這樣的要求，我誠惶誠恐，給健康人更健康，給強悍者更強悍，是我在物理治療的路上最嚴苛的挑戰。有時，我也有著茫然灰心的時刻，在與朱木炎討論其各種狀態時，我們成為了教學相長的好友。朱木炎用誠懇的眼神與口吻告訴我：「東慶，我也遇過不少治療師，我信任你不是因為你是老師的學生，而是你夠專業。」

　　這句話，給了我無比的鼓舞，還沒療癒他，他已激勵了我。

　　銓信物理治療所於臺南開幕時，更特地南下為我站臺，讓我再次感動涕零。原來朱木炎不只是臺灣戰神，更是真情流露的激勵大師。我感激。

　　時至今日，已是十年的光景，朱木炎也從第一線的戰場光榮隱退，並且擔起了承先啟後的教練職務，為昔日的輝煌繼續發光，照亮每一個選手的胸膛，強化每一雙堅韌的臂膀。

　　生命，活著，重點不在手上握的，而是心裡想的，腳上踩的。

　　沒有方向，就是瞎了。

　　不論你擁有再多，都是恐懼與孤寂。

　　手上握的，沒用在創造歷史，

　　必然就會在歷史中失去。

　　留下的不是痕跡，就是軌跡，

　　不曾有過帶得走的屯積。

　　朱木炎創造了臺灣戰神不朽的傳奇，也為臺灣與自己寫下了光榮的歷史。而我仍舊在物理治療的使命軌道上，為生命的精彩揉捏亮麗，期待一樁樁神話般的奇蹟。

◎ 鴿子

文 / 魏東慶

父親是個大男人，卻是那種望之儼然、即之也溫的隱性暖男。在那樂此不疲於一生的賽鴿歲月，充滿了旁人無法理解的萬般哲學。

父親也算是我成功大學的學長，只是父親學的是應用數學，於是當了一生的公務人員，專注於土地測量。看似枯燥乏味的工作，卻是細膩修煉的典藏。在觀察人事與天地萬物的角度中，都有其獨特的見解。在嚴肅的外表下，如同地心火熱的熔岩，徐徐發燙。對我們的愛也亦然。

與父親的對話不多，但是每一次的記錄都是影響一生的震盪。

父親引領著我，看著鴿子，娓娓道來。

鴿子，能否得名奪冠，其實可以很容易看出來，從牠的眼睛，就能明白精氣神。從牠的虹膜就能知道所有的身體狀況，如同孟子所言：「觀其眸子，人焉廋哉。」看一個人的眼睛，就什麼都知道了。這激起了我對那緣起匈牙利骨科醫生而且已經流傳百年的「虹膜學」深度的興趣。

鴿子，能否贏得最後勝利，不是從一開始的衝勁來判斷，而是懂得中途選擇適度的休息，然後繼續前行，才有真正奪冠的可能。

於是，我多年來都養成了確實午休的習慣，不讓自己在疲憊不堪的狀態中撐著。而是小憩片刻後，繼續接駁上一段未完成的工作。

父親的啟發，不只是生活與奮鬥的智慧，更是我待人接物的明

確羅盤。在那沒有耳提面命輕聲細語的父愛中，卻早已貫穿了我的靈魂與思想。

「人之異於禽獸者，幾希。」這又是孟子的智慧語錄。人和禽獸的差異很小，人之所以為人，必須懂得那丁點的差異只在良善的人性。

並且從所有動物的細節中，我們都能歸納善用於人生的領悟。

每一隻鴿子看起來都很像，其實都很不一樣，不是看牠的外型，不是探索牠的羽毛，而是牠的眼睛，因為眼睛為靈魂之窗。

在物理治療的角度裡，望聞問切已是必須，豈能僅只於望之，而胡亂處之。任何一種角色的扮演都是重要的，我們無法要求別人的行為方式，卻能端正自己的心念與態度。

在人類健康的路上，物理治療不只是事後的處理，而是事前的預防與事間的適當。沒有最好，只有剛好。而這剛好，卻是必須每一次的全然面對與呵護。

物理治療師不是理論與儀器的堆疊，而是實戰臨床與感同身受的共鳴。如同養鴿人，在那視如己出般的看待，在那適度放風的柔愛，讓其飛翔，守護那每一回的勝利歸來。

鴿行千里，心念無礙。

歌詠生命，綻放花開。

我是物理治療師魏東慶，

我不驕傲，卻很自在。

成就於那生命中重要的存在。在你需要時，與你同在。

成就渴望的臨界點
心想事成方程式

編　　　著／許宏
作　　　者／許宏、王國至、林美蘭、柯彥廷、高原光、
　　　　　　張麗蝶、彭瀞、黃子熏、葉珈寧、魏東慶
特約總編輯／許宏
美 術 編 輯／孤獨船長工作室
責 任 編 輯／許典春
企畫選書人／賈俊國

總　編　輯／賈俊國
副 總 編 輯／蘇士尹
編　　　輯／高懿萩
行 銷 企 畫／張莉滎・廖可筠・蕭羽猜
發　行　人／何飛鵬
法 律 顧 問／元禾法律事務所王子文律師
出　　　版／布克文化出版事業部
　　　　　　臺北市中山區民生東路二段 141 號 8 樓
　　　　　　電話：(02)2500-7008 傳真：(02)2502-7676
　　　　　　Email：sbooker.service@cite.com.tw
發　　　行／英屬蓋曼群島商家庭傳媒股份有限公司城邦分公司
　　　　　　臺北市中山區民生東路二段 141 號 2 樓
　　　　　　書虫客服服務專線：(02)2500-7718；2500-7719
　　　　　　24 小時傳真專線：(02)2500-1990；2500-1991
　　　　　　劃撥帳號：19863813；戶名：書虫股份有限公司
　　　　　　讀者服務信箱：service@readingclub.com.tw
香港發行所／城邦（香港）出版集團有限公司
　　　　　　香港灣仔駱克道 193 號東超商業中心 1 樓
　　　　　　電話：+852-2508-6231 傳真：+852-2578-9337
　　　　　　Email：hkcite@biznetvigator.com
馬新發行所／城邦（馬新）出版集團 Cité （M） Sdn. Bhd.
　　　　　　41, Jalan Radin Anum, Bandar Baru Sri Petaling,
　　　　　　57000 Kuala Lumpur, Malaysia
　　　　　　電話：+603-9057-8822 傳真：+603-9057-6622
　　　　　　Email：cite@cite.com.my
印　　　刷／卡樂彩色製版印刷有限公司
初　　　版／2019 年 1 月
售　　　價／360 元
I S B N／978-957-9699-53-2

城邦讀書花園　布克文化
www.cite.com.tw　www.sbooker.com.tw

言武門講師特訓
《盛開的秘密》

台上十分鐘，台下十年功
看似有道理，問題實百出
上台侃侃談，誰少十年冬
出生引經典，豈非前世書

說話不是看你練了多久
而是看你如何練就
上台不是聽你講了多久
而是看你講了什麼

說話，上台的功夫，盡在言武門
一言既出即為武
文納智慧已開門

言武門 讓你也能
【台上十分鐘，準備只需十秒鐘】

言武門

沒到過北京，不知自己的官小

沒去過上海，不知自己的錢少

沒進言武門，不知自己的話說得好不好

言武門文字道
《靈性的符號》

【文字道】

真解令人所，令人運之在，
字文說古文今。心而著文。
正字穿的必，覺而靈在文字道。
的的之內靜心，

筆字之美腿間的長功夫道
不能裡遠流情列性
而是的語省的靈組合

說話不難，把話說好　很難
寫字影響難，把文章寫出感動力
難　就很難
難是因為【沒有正確的傳授】
難是來自【沒有自信的　思慈】

言武門已開門
言語文字轉乾坤
宣有繁文亂語在左右

美很簡單，從心開始

地點：新北市中和區中山路二段389號6樓
電話：(02)2223-8918

言武門生命靈數

與眾不同的獨家優勢
1. 象形邏輯，系統故事，影像記憶
2. 特殊教學，不必抄筆記，卻難以忘記
3. 完整傳承，一日速成《臺灣專屬》
4. 幽默，生動，互動，清楚，簡潔，好記
5. 精準度100%
6. 數字，星座，血型同步判診
7. 流年，流月，流日瞬間解析
8. 立馬知悉自己與對方的各種狀態
9. 業務成交的致勝秘技
10. 讓你知道怎麼了，為什麼，怎麼辦

報名：(02)2223-8918
地點：新北市中和區中山路2段389號6樓

言武門

紫微斗數

當紫微斗數遇上生命靈數

一切都不再是秘密

絕無僅有的與眾不同
1.透過八字的迅速排盤技巧
2.12宮位的影像選輯，閉目張眼命盤開
3.115顆星曜的潛意識獨特記憶，永不忘
4.流年，流月運勢的全方位精湛正確解析
5.扭轉乾坤正面思考與物質能量的順勢而為
6.只要兩天，完整傳承，再添一傳奇
7.在言武門，命理已是科學，知命善用掌時機

言武門一掌覺

翻閱你的

原來

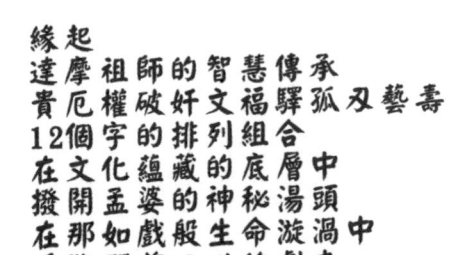

壽　藝　艾　孤　合　承

承孤艾藝壽

傳驛合層湯渦本

慧福組底秘漩劇

智文列的神生世

的奸排藏般四掌

師破的蘊婆前手可

祖權字化孟如那左即

達厄個文開那靠指

緣起貴12在撥在追就屈

跡痕覺生

軌有掌今

迴支果世

存皆一話

輪地知前

道二因談

六十推笑

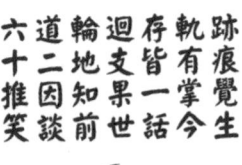

言武門香道
靈性專業
調香師

完整教育
1.植物精油香的正確專業知識
2.配方正確原理
3.調香正確程序
4.原物料的正確選擇
5.時間空間物質能量心念頻率的正確整合
6.不立文字，正宗師承，入門傳授
7.密訓正確精準實戰運用
8.透徹理解看似一樣的完全不一樣

地點：新北市中和區中山路2段389號6樓
電話：(02) 2223-8918

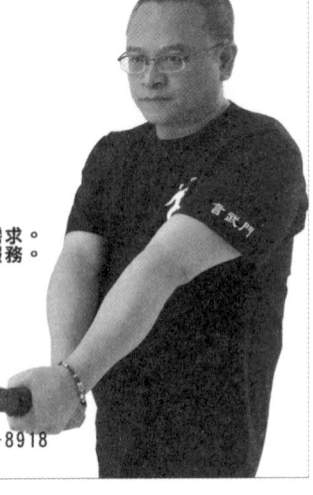